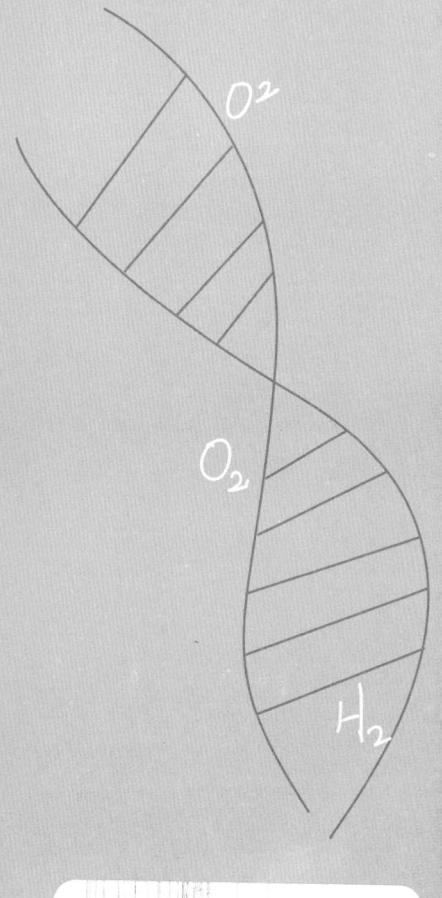

好妈妈 的
家庭作业
辅导课

单婷婷 —— 著

图书在版编目（CIP）数据

好妈妈的家庭作业辅导课 / 单婷婷著. -- 南昌：江西人民出版社，2019.9
ISBN 978-7-210-11470-3

Ⅰ.①好… Ⅱ.①单… Ⅲ.①学习方法－家庭教育 Ⅳ.①G791②G78

中国版本图书馆CIP数据核字(2019)第154979号

好妈妈的家庭作业辅导课

单婷婷 / 著

责任编辑 / 冯雪松

出版发行 / 江西人民出版社

印刷 / 凯德印刷(天津)有限公司

版次 / 2019年9月第1版

2019年9月第1次印刷

880毫米×1230毫米 1/32 7印张

字数 / 80千字

ISBN 978-7-210-11470-3

定价 / 39.80元

赣版权登字-01-2019-311

版权所有 侵权必究

如有质量问题，请寄回印厂调换。联系电话:022-29644128

家庭作业是课堂学习的延续，它与所学内容息息相关。通过写作业，孩子可以加深对所学知识的理解，养成良好的学以致用的习惯，同时，它还可以帮助孩子找到学习上存在的不足和漏洞，查漏补缺，最终全面、牢固地掌握知识。毫无疑问，每个妈妈都希望孩子认真写作业，取得好成绩，可是对不少妈妈来说，这是一个很难实现的愿望，举例来说，不少孩子在写作业时，都会出现这样的问题：

孩子书写潦草，做作业态度敷衍。

做作业拖沓，半个小时就可以做完的作业，经常两个小时都写不完。

语文经常出现错别字，数学落小数点，英语单词忘记字母。

明明作业题目不会，却总是以马虎为借口。

做一道题目叫一声妈妈，不动脑思考，总是依赖妈妈。

只会抄袭别人的作业。

……

面对孩子的作业问题，家长虽然付出了大量的时间和精力，但是往往收效甚微，最后在孩子眼中落下"东方狮吼""暴脾气妈妈"等印象，甚至还影响了亲子关系。

面对令妈妈们感到棘手的作业辅导问题，不少智慧的家长在情绪冷静下来之后开始思考：到底该如何辅导孩子写作业呢？是不闻不问还是事无巨细？当孩子写作业的过程中遇到困难时，该如何帮助他？当孩子流露出对作业的厌烦情绪时，又该如何疏导？……

其实，引导孩子认真完成作业并不难，妈妈只需要在辅导孩子做作业的同时，也学一学相应的功课，这样就能对症下药，有效地解决孩子在做作业中遇到的各种问题，并最终做好辅导孩子这项"教育作业"。

本书引用了国内外的优秀教育经验，结合中小学生的学习特点与心理特点，围绕孩子的作业问题给出了具体的解决对策。分别从"辅导孩子做作业，妈妈首先要了解孩子不爱做作业的原因；辅导孩子做作业，妈妈应该做的事情；培养孩子做作业的好习惯；教给孩子做作业的方法，让孩子轻松、高效地写作业；指导孩子做完作业之后要检查；让孩子从错误中进步，纠正作业错题的有效方法；语文、数学、英语作业的辅导方式；让孩子爱上作业，不得不做的几件事"等全面解答了孩子做作业马虎、不想写作业、时间安排不当等各大难题，并给出了科学、详细、可操作性强的解决方案，从而使孩子在妈妈的高效引导下，在愉快的帮扶氛围中爱上写作业，并通过写作业的良好带动最终获得学习上的进步。

最后衷心地希望每一位妈妈都能在"辅导孩子做好家庭作业"这一教育课题中获得"优"！

第一章 辅导作业，先从了解孩子不爱做作业的原因开始

逃避额外的作业 // 002

作业太多不想做 // 005

孩子多动，注意力不集中 // 007

没有听懂课堂内容 // 010

"橡皮综合征"的影响 // 013

对某一学科不感兴趣 // 016

第二章 讲究方式方法，妈妈应该这样辅导孩子做作业

给孩子营造一个良好的做作业环境 // 020

妈妈需学会示弱，给予孩子"讲作业"的机会 // 023

不要用物质激励孩子做作业 // 026

及时表扬、肯定孩子 // 030

相信孩子，不怀疑孩子的能力 // 033

拒绝啰唆、催促 // 036

把握陪孩子写作业的原则 // 039

妙用签字的权利 // 042

第三章　谆谆教诲，培养孩子做作业的好习惯

做作业时独立思考的好习惯 // 046

先复习再做作业 // 049

拒绝抄袭他人的作业 // 053

做作业不拖延 // 057

认真书写，保持作业本干净 // 060

督促孩子保持书桌整洁 // 063

写作业不能依赖网络 // 066

不偷懒、不遗漏题目 // 069

利用好草稿纸 // 072

第四章　教授方法，让孩子轻松、高效地写作业

做作业的四个步骤 // 076

写作业由易到难 // 079

做作业用好时间转化 // 081

引导孩子写"作业总结" // 084

做作业也要注意休息 // 087

把作业当成一次小考 // 090

第五章　自查自检，指导孩子做完作业要检查

孩子为什么不爱检查作业 // 094

教孩子自查自检 // 098

指导孩子着重检查作业的几个重点 // 101

提醒孩子，检查时要用心 // 103
妈妈帮孩子检查作业的四个原则 // 105

第六章 纠正错题，让孩子在错误中不断进步

指导孩子建立错题本 // 110
错题本记什么 // 113
错题需做三遍 // 116
如何使用错题本 // 118
提醒孩子重视老师的批改 // 121
利用小卡片改错 // 124

第七章 语文作业的辅导方式

背诵课文的五大妙招 // 128
边写边积累词语 // 131
教孩子告别错别字 // 134
写日记的方法 // 138
写作文的好方法 // 141
如何用好工具书 // 144

第八章 巧做数学作业

做计算题不出错的妙招 // 148
把课本例题重做一遍 // 152
让孩子掌握数学概念和公式 // 155

如何解答应用题 // 158
"多做几道"不如"多做几遍" // 162
提高做题效果的几点要求 // 165
注重解题过程 // 168
让孩子告别做题粗心的妙招 // 171

第九章 做英语作业的高招

记忆英语单词 // 176
注重朗读在作业中的作用 // 180
指导孩子做好听力作业 // 183
鼓励孩子开口说 // 186
如何做好阅读理解 // 190
如何写好英语作文 // 193

第十章 让孩子爱上作业，不得不做的几件事

教孩子学会预习功课 // 198
复习让做作业更高效 // 202
指导孩子整理试卷 // 205
做好积累，教给孩子课外阅读的方法 // 208
开阔孩子眼界的好去处 // 212

第一章

辅导作业,先从了解孩子不爱做作业的原因开始

孩子不爱做作业的原因有很多:生病或精神不佳,逃避额外作业、偏科,老师布置了太多作业等。面对不爱写作业的孩子,妈妈不要不停地唠叨或催促孩子,而应积极、主动地探寻孩子不爱写作业的背后原因,并找出相应的解决方法,这样才能对症下药,提高孩子写作业的积极性。

逃避额外的作业

如果家长细心观察就会发现，不少孩子在写作业的过程中总是磨磨蹭蹭，一会儿要喝水，一会儿要吃东西……孩子的表现令妈妈感到不胜其烦。其实，很多时候孩子出现此类情况多半是为了逃避额外的作业。

在"减负"的社会环境下，很多家长担心"减负"会导致孩子学习成绩下降，为了让孩子多学一些知识，一部分妈妈便给孩子层层加码，在孩子写完作业后，往往会再给孩子布置一些额外的学习任务，殊不知正是这样的额外作业打击了孩子做作业的积极性，让他们变得拖沓，不爱写作业。

> 美国总统罗斯福第四次当选时，一位记者请他谈一谈感想。他微笑着拿起一块蛋糕请记者品尝，当记者吃完第一块后，他热情地请记者吃第二块，见总统盛情邀请，记者在吃饱的情况下不得不吃了下去。紧接着，罗斯福又请记者吃第三

> 块，记者勉强吃了下去。不料，罗斯福又对记者说："再来一块吧。"记者连忙拒绝。罗斯福笑着说："现在不要问我有何感想了，我想你已经感受到了。"

有一种效应叫超限效应，是指刺激过多、过强或作用时间过久，就会引起人心理逆反的一种现象。

家长在孩子做完作业后，不断地给孩子施压，占用孩子的娱乐时间就属于超限效应，正如古希腊哲学家德谟克利特所言："当过度的时候，最适宜的东西也会变成最不适宜的东西。"要知道，妈妈给孩子布置过多的额外学习任务，不仅不利于激发孩子的学习兴趣，反而会使孩子心生反感，从而出现排斥做作业的情况，在他们看来，与其做完作业后受到家长的"压迫"，占用自己的娱乐时间，倒不如磨磨蹭蹭地做，至少还可以在做作业的过程中多出一些玩的时间。

那么，该如何解决这个问题呢？

1. 让孩子认为"快"有好处

解决孩子故意拖沓的关键是让孩子觉得做作业"快"有好处，这样才能提高孩子的专注力，使孩子高效地完成作业。妈妈在孩子写作业之前可先就作业情况为孩子进行一个时间预估，过程中要注意给孩子留出足够的休息时间。比如，可引导孩子在做完30分钟的作业后，休息10分钟。这10分钟的时间，孩子可自行支配。经过几次这样的互动后,孩子便会认为妈妈言而有信,从而提高做作业的积极性。因为在他们看来,早做完作业就可以早早地去玩。

2. 将作业换个形式

家长给孩子布置额外作业的出发点是让孩子更好地掌握知识,但是学习的方式是多种多样的,并不仅仅局限于规规矩矩地坐下来看书或写作业,如果家长不断地给孩子施压,孩子不仅会排斥做作业,还会失去对学习的兴趣。

因此,家长不妨把额外作业换种形式,引导孩子在日常生活中活学活用。比如,在孩子做完作业后可以给孩子切一块小蛋糕吃,让孩子观察切蛋糕的角度与数量,在吃与玩的过程中了解数学关系和概念,加深对知识的认识,其实这也是一种有趣的作业。再比如,妈妈发现孩子不会写作文,不妨在孩子每天完成作业后,用10分钟的时间与孩子聊一聊一天之中的趣事,在轻松氛围中提高孩子的语言表达和组词造句能力。

作业太多不想做

日常生活中，我们不难发现有一部分孩子会因老师布置的作业太多而产生畏难情绪，最终不愿意写作业，或者做作业敷衍。

心理学认为，在一般情况下，人们不愿接受难度较高的要求，因为它费时费力最终难以获得成功的体验；相反，人们更容易接受那些容易完成的要求。因此，当作业量比较大时，孩子难免会产生这样的心理波动：作业太多了，我什么时候才能写完，干脆不写了；作业这么多，怎么着手写呢，边做边玩吧。

当家长察觉到孩子因作业太多而产生畏难情绪后，首先需要做的是结合孩子平时的作业量以及写作业的情况进行判断，即作业是否真的太多。

如果发现老师留的家庭作业确实太多，超出了孩子的承受能力，那么家长可以及时地与老师沟通一下，用委婉的语气告知孩子在家做作业的情况，并且与老师商量一下是否可以去掉一些重复的作业，以减轻孩子的负担。如果作业必须完成，我们可以引导孩子理解老师的用心，疏导孩子的排斥情绪，可让孩子先写难一点的作业，再写简单的，这样孩子做起作业来就会感觉越来越快，提高孩子做作业的信心。

如果妈妈通过询问其他同学或者经过判断发现作业并不是很多，就应该查找一下孩子以"作业多"为借口背后的原因。

（1）如果孩子一味地抱怨作业多，那么家长可以站在孩子的角度上，去理解他的心情，同时，可帮孩子计划一下做作业的顺序与各科作业需要花费的时间，减轻孩子的畏难心理。

（2）如果孩子心中惦记着其他事情而厌烦写作业，那么家长可以让孩子按照重要程度给事情排一排顺序，如果事情并没有那么紧急、重要，就必须提醒孩子先写作业，之后再完成其他事情。

（3）如果刚开始就给孩子制定一个很高的目标，那么，孩子可能坚持不下去，但如果将大目标分解成一个个的小目标，孩子则更容易实现。因此，家长不妨结合孩子的家庭作业内容，给孩子制定一个个的小目标，减轻孩子的心理压力。比如，解答6道数学题目需要花30分钟，每道题目只需花费5分钟的时间，这样引导孩子专注于做每一道题目，更容易使他们轻松地完成做数学作业这个大目标。

孩子多动,注意力不集中

注意力是孩子进行学习必不可缺的条件。俄国教育家乌申斯基十分注重培养学生的注意力,他说:"注意力是一切外部内容进入到人内心的必经大门。"简而言之,如果我们把孩子的认知储备当作仓库,那么注意力便是孩子学习的大门。孩子要想学到更多的知识,就必须集中注意力。

对于孩子而言,保持稳定的心态和注意力是其写好作业的基础。一般而言,孩子的大部分作业,如果专注地去做,绝大部分都可在一小时之内完成。可不少孩子却总是"坐不住":一会儿抬头东瞧瞧西看看,一会儿又去找零食,甚至外面的一点儿风吹草动都会令孩子喜出望外。此时,如果妈妈在一旁监督、叮嘱几句,孩子还能坚持几分钟,可不一会儿,又会原形毕露,令妈妈感到十分头疼,最后不得不无奈地给孩子贴上"注意力不集中"的标签。

一般来说,孩子的注意力无法长时间保持集中,这主要与孩子的专注力发展有关。研究发现,7~10岁孩子的注意力可维持20分钟，10~12岁约为25分钟，12岁以上的孩子则可以达到30分钟。另外，对于孩子而言，他们在做一件事情时往往缺乏目标感，因此才会出现东张西望、注意力涣散的情况。在了解了这一点之后，妈妈不妨在孩子做了一段时间的作业后，让孩子休息一下，这更利于孩子集中注意力，提高做作业的效率。此外，对于"坐不住"的孩子而言，妈妈在提醒的同时，还要做到以下两点。

1. 增强孩子的自信心

由于孩子缺乏一定的经验和认知，所以他们的自我评价主要来源于别人。妈妈使用激将法，对孩子说"猴子屁股坐不住"之类的负面话语，以期使孩子知耻而后勇，是行不通的，这会令孩子觉得自己难以集中注意力，时间久了，孩子慢慢就会丧失坐下来认真写的信心。

因此，妈妈应以平和的语气鼓励孩子："你现在比以前注意力集中了。""你做起作业来又快又好，你看，集中注意力，不做小动作，作业一会儿就写完了！"这样的话语流露出的是妈妈对孩子的信任和赞扬，从而能重塑孩子的自信心，使他们产生"我一定可以坚持下去"的自我心理暗示，最终形成良好的做作业习惯。

2. 让孩子保持平稳的心态

在孩子写作业之前，妈妈应提醒孩子不要玩得太累，也不要严厉地批评孩子，以免造成孩子情绪波动，出现排斥写作业的情况。

妈妈要使孩子在愉悦、安静的氛围下，平心静气地做作业，这样，孩子才能集中注意力，真正地进入到学习状态中。

最后，妈妈还需以身作则，充分重视榜样的带动作用。比如在日常生活中，妈妈也要专注地做自己的事情，通过自己的行为为孩子起到榜样的作用，让孩子感受到妈妈的专注力，从而减少焦躁排斥的情绪，养成专心致志做作业的好习惯。

没有听懂课堂内容

著名教育家苏霍姆林斯基指出:"成功的欢乐是一种巨大的情绪力量,它可以促进儿童产生好好学习的愿望……缺少这种力量,教育上任何巧妙的措施都是无济于事的。"换句话说,只有让孩子在学习中有成功的机会,体验到学习带来的快乐,孩子才会产生努力完成作业的积极性。

对孩子而言,老师布置的作业可以帮助他们巩固当天所学的知识,并学会灵活运用。如果孩子能实现这一学习目标,他们自然越学越爱学,并且能认真地完成老师布置的作业。但如果孩子连当天的课堂内容都听不懂,那么无论家长如何要求他们做作业,他们都会表现得"有心无力"。因为,他们实在不知该如何下手,于是便不得不这样想:与其什么也不会做,做了出错,还不如不做。

对于这样的孩子而言,他们并非上课不认真听讲,之所以出现无力完成作业的情况,原因主要有三点:首先,可能是孩子没有提前做预习,以至于无法把握整节课的重点和难点,上课时跟不上老师的思路；其次，很多孩子上课时容易出现走神的现象，这就使整堂课的内容因为大脑暂时缺席而无法贯穿起来，孩子容易出现听了前面忘了后面的情况；再次，不少孩子在学校时觉得已经听懂了，可回到家却一头雾水，主要是因为孩子自身缺乏一定的思考，听讲时过于依赖老师，只能在老师提示、诱导的前提下理解所学内容，一旦回家后，缺乏老师的提示，立刻就会变得一无所知。

所以，家长应该结合孩子回家之后的学习状态，并通过与老师的细致沟通，了解孩子的听讲情况。还可以通过检查孩子有无认真记录课堂笔记或者用一些简单的小题目考一考孩子的方式，检验孩子的学习效果。如果发现孩子确实有许多不懂的地方，家长可以给孩子重点讲解一下。

不过，不少家长喜欢直接问孩子："你上课是不是没有听懂？"这样的询问方式容易使孩子感到自卑、害羞而无法正确面对家长的问话，很多时候他们会低头不语或者不懂装懂。

所以，家长在询问的时候一定要注意方法，比如可以先肯定孩子说："老师夸奖你上课非常认真，妈妈感到很欣慰。"之后再问一问孩子："那你觉得老师讲得怎么样？你学起来有什么问题吗？需要我为你做些什么吗？"这样的提问方式，一方面肯定了孩子的听讲行为，另一方面也巧妙地利用了探寻的方式让孩子主动反映自己的问题。利用孩子所反馈的话语，再结合孩子做作业时的表现，家长指导起来便会更有针对性。

比如，孩子因为没有预习而使听课陷入被动状态时，家长可让孩子大概浏览一下第二天要学的知识，挑出3~5个孩子不会的问题就可以了，这样可以让孩子跟上老师的思路，不至于听课时不知所措。

如果孩子上课时爱开小差，家长可以与老师商量一下，不妨让老师多点孩子起来回答问题，以此使孩子保持精力集中；如果孩子因为缺乏思考而出现课堂老师一讲就通，课后做作业却手足无措的情况，家长可结合作业内容多问孩子几个为什么。比如，题目中给出了什么条件，要求什么，是否可以通过画图的直观形式表示出来等，一步步地启发孩子的思维。

在帮助孩子消灭了不懂的课堂内容后，孩子自然不会再觉得做作业是一件困难的事了，尤其是当他们在完全理解知识的前提下写完作业，他们会体会到学习带给自己的快乐，提高做作业的兴趣，以后可能不需要妈妈催促也乐于写作业。

"橡皮综合征"的影响

很多孩子在写作业的过程中喜欢不停地用橡皮擦,比如,某个字写得不好看,数字写歪了,小数点点偏了,等等。在孩子发现这样的问题后,会马上用橡皮擦掉,然后重写。如果重写依然有问题,孩子会继续重复擦掉、重写的动作,甚至把作业本擦破,还有的孩子如果发现橡皮不在身边,就无法安心做作业。

表面来看,孩子似乎对作业有一种严谨的态度,但从深层次来讲,这种行为是有一定问题的。这种过于吹毛求疵的行为,不仅延迟了孩子做作业的时间,而且还打断了孩子的思路,导致孩子最终形成做事拖沓的坏习惯,并变得越来越不爱写作业。

对于孩子的这种行为,心理学中有一个非常形象的词——"橡皮综合征",橡皮综合征不是一种病,而是一种不良的做作业习惯,它与孩子的心理压力比较大有关,也与妈妈对孩子要求过于严格,孩子追求完美有关。患有橡皮综合征的孩子智商一般没什么问题,但是往往写作业时不专心,过度依赖橡皮。那么,对于写作业时出现橡皮综合征的孩子，妈妈该如何进行科学的引导呢？

1. 教育孩子不要过度关注细节

就作业而言，掌握知识，把作业完成才是重点，而如果孩子过分关注微不足道的细节，就容易忽视整体。所以，当孩子出现"擦擦写写"的情况时，妈妈就要提醒孩子："看到你这么用功，妈妈很高兴，你什么时候完成作业呢？"在肯定孩子的同时，也要让孩子意识到作业的进度问题，让孩子明白，写作业的重点是为了重温老师所讲的内容，并能通过做作业做到对知识的灵活运用，而非向老师展示字迹或者符号写得多漂亮。让孩子明白细节虽然重要，但是在作业的整体中去体现才有意义，否则就是在做无用功。

2. 不给孩子过多压力

过于追求完美有时候恰恰是孩子的一种不自信的心理反应，他们需要不断地借助橡皮帮自己修正，内心才能获得赶上别人的安稳感。所以，对做作业的过程中缺乏自信的孩子而言，妈妈要适当放松要求，不要过多地干扰、纠正孩子，以免孩子产生"如果我写错了，妈妈又会批评我"的压力和错误认知。妈妈可从孩子表现的优秀一面入手，多多鼓励孩子，对于孩子做得不够好的地方适当提醒就可以。通过妈妈的鼓励让孩子明白：不管做什么事情，只要尽力就可以了，对于不足的地方，可以等做完作业之后再向妈妈、同学或者老师请教。

3. 不给孩子买花样繁多的学习用品

很多文具造型新颖，孩子在使用时容易分散注意力，再加上孩子往往缺乏一定的自控力，从而容易引起橡皮综合征。因此，妈妈应尽量避免给孩子买过多花样的文具，并且如果发现孩子因为过于依赖橡皮而无法专心做作业时，妈妈可暂时将橡皮收起来，限制孩子的使用次数，慢慢地帮孩子改掉不良习惯。

对某一学科不感兴趣

偏科是很多孩子都会出现的问题,据调查显示,20%的小学生有偏科现象,而到了初高中则有70%的学生出现偏科现象。

有趣的是,孩子在写作业时也会偏爱自己擅长的科目,而对于不喜欢的科目,他们则经常会表现出逃避、敷衍的态度。写作业本该是查漏补缺的好机会,孩子却因为对待作业的"不公平",导致强科越来越强,弱科越来越弱。

一般来说,孩子偏科的原因是多种多样的,比如,弱科的某个单元知识比较难,孩子落下之后,导致知识无法连贯,最终失去信心,形成偏科;还有的孩子则是兴趣问题,举例来说,孩子喜欢阅读,他就对语文感兴趣,对数学则不感兴趣;还有的孩子则是因为不喜欢老师的讲课方式或者受到了老师的批评而出现了偏科现象……

孩子对于不喜欢的科目作业往往能拖就拖,甚至写写停停,敷衍了事。如果家长没有找到孩子偏科的原因,而一味地去催促孩子完成弱科的作业，孩子在感到压力的同时还会产生强烈的逆反心理，加剧偏科现象。因此，家长应首先找到孩子偏科的具体原因，然后结合下述方式进行科学引导。

1. 做作业的时间由短到长

孩子偏科，大多是因为对该科目提不起兴趣，如果妈妈强迫孩子去做该科目的作业，孩子不仅会错误百出，还会加重自己的烦躁和厌倦心理。此时，妈妈不妨先让孩子只复习弱科的某一小节，时间控制在30分钟左右，在孩子复习完毕后，再让孩子去写作业。

妈妈要记住，在帮孩子复习时，一定要有耐心，时间长了，孩子对弱科的学习兴趣自然就会慢慢培养起来。同时，妈妈还可以要求孩子做完强科作业后再学一学弱科，穿插进行，以避免枯燥无味的学习。

2. 做题由简到难

对于孩子的弱科作业，家长可事先帮孩子看一下，了解一下难易程度。然后要求孩子先从简单的做起，把握最基础的知识，在确保孩子做完基础习题之后，再适当做一些难题进行拔高。

3. 找出差中之重

即使对于弱科，孩子也并非一无所知，对于一些知识还是比较熟悉的，而真正让孩子拖后腿的则是科目中的几个重点或者难点。

如果妈妈在辅导孩子做作业时，帮助孩子把难点找出来，并进行强化训练，就可以使孩子在短时间内对该科目有一个较大的改善，从而提高孩子做作业的信心。

4. 不要把负能量传递给孩子

妈妈一定要记住，平时尽量避免给孩子传递负能量，比如"数学真难啊""我小时候也不喜欢写作文"等。可能妈妈无心的一句话就会使孩子受到影响：既然妈妈都学不好，我肯定也学不会！作为家长，要积极地鼓励孩子战胜弱科，并且让孩子明白，每个科目都有难点，慢慢地将难点弄明白，就可以使弱科变成强科。

孩子天生单纯，不喜欢伪装，如果孩子因为老师而引起偏科，家长应给予重视，及时疏导孩子的不良情绪。比如，家长可以这样开导孩子："我上学那会儿也不喜欢某个老师，但是后来一想，学习是自己的事，老师布置作业也是为了能让我学有所成，如果我认认真真地写，成绩一定会有所提高，老师也一定会对我刮目相看。如果你也能像妈妈这样想，我相信老师一定会更喜欢你，你也会更喜欢听老师的课。"如果家长这样开导孩子，孩子就可以从对老师的不满情绪中跳出去，从而理解老师的用意，不再排斥老师布置的作业。

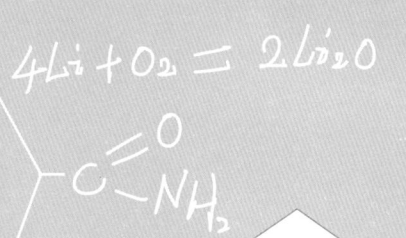

第二章

讲究方式方法,妈妈应该这样辅导孩子做作业

帮助孩子顺利地完成作业,是妈妈不得不承担的责任。可是,为什么一番苦心说教后,孩子总是左耳朵进右耳朵出呢?到底该如何说,才能让孩子听得进去呢?……其实,解决这些问题的关键就是妈妈在辅导孩子做作业时,需要充分地理解、相信、尊重孩子,与孩子保持良好的沟通,这样,妈妈的辅导才能起到应有的作用,孩子才会变得认真、主动起来。

给孩子营造一个良好的做作业环境

良好的学习环境对孩子的学习和成长都是非常有利的。对孩子而言,他们的抗干扰能力非常弱,一点儿风吹草动,就能使他们转移注意力。因此,一个相对安静的环境对于孩子来说更显重要。而很多妈妈却忽视了这一点,在孩子写作业时,一边看电视或者与家人大声谈话,一边要求孩子写作业要认真、专注。试想:这样的环境如何能令孩子专注起来呢?

因此,为孩子营造一个良好的做作业的环境是妈妈辅导孩子学习不得不重视的问题。

与此相关的是,一位心理学家在谈到孩子的教育问题时强调:"无论家庭经济状况如何,居住条件如何,都请妈妈为孩子提供一个固定的地方用来学习。比如准备一个学习角,安置适合孩子身高的桌椅。一旦孩子在这个地方坐下来之后,他们就容易全神贯注地投入到学习中。这个效应在心理学中被称为动力定型,效用等同于医生走进手术室之后就能集中注意力专心做手术一样。"

除了为孩子提供固定的学习角外，妈妈还可以通过以下方式为孩子营造一个适合写作业的环境。

1. 为孩子营造一个安静的做作业环境

研究调查发现，许多不爱做作业的孩子家庭中都缺乏良好的学习氛围。比如，妈妈看电视、打麻将、大声说笑……这样容易干扰到孩子，使孩子难以安静下来学习。所以，孩子在写作业时，妈妈尽量不要发出嘈杂的声音干扰孩子，或者一遍遍地询问孩子，这些行为都会打扰到孩子，使他们无法做到专心致志。

2. 为孩子营造一个共同学习的氛围

妈妈可在孩子做作业的时候阅读书籍或者处理手头的工作，用自身的行为为孩子树立一个热爱学习的榜样，并且通过这种潜移默化的影响和带动，向孩子传递这样的信息：认真地投入到学习中是一件很重要的事。

3. 为孩子提供一些辅助资料

妈妈可根据孩子的学习进度为孩子选择一些课外阅读资料，并整齐地摆放在书架上。等孩子写完作业后，对于疑难问题，妈妈先不要告诉孩子答案，而要鼓励孩子查阅这些资料寻找答案，在孩子找到答案后，妈妈可结合答案再与孩子进行相关讨论和交流。这对提高孩子的学习兴趣，增强孩子做作业的信心来说大有裨益。

最后，需要提醒妈妈的一点是，妈妈还需为孩子营造一个和睦的家庭环境，夫妻之间要相互尊重，哪怕发生矛盾也不要当着孩子的面争吵，以免对孩子造成心理上的干扰。同时，妈妈还需多与孩子进行沟通、尊重孩子，成为孩子可信赖的朋友，这样，孩子在学习中遇到困难时，才会乐意向妈妈倾诉，共同寻求解决方法。

妈妈需学会示弱,给予孩子"讲作业"的机会

在教育界,有一个抽签教学法。

日本铃木老师发现自己的学生在长时间的学习之后,容易产生厌倦、消极情绪。他认为这种现象不利于学生以后的发展,于是他想到了抽签教学法。他将要学生练习的曲目进行编号,上课时让学生随机抽取一个曲目。结果通过这种方式,学生学习的积极性大大提高,对曲目的掌握也比原来更加深刻。

对于一到三年级的孩子来说,他们的思维能力还不完善,往往妈妈说什么,孩子就听什么。可等孩子到了四五年级之后,随着孩子自我意识的发展,他们也具备了一定的理性思维能力,面对日益加重的学习负担,他们往往会觉得学习是一件苦差事,所以容易对学习任务产生抵触心理,这就容易使妈妈的教育变得不再那么见效。此时,妈妈不妨换一种方式,增强孩子学习的新鲜感,提高孩子学习的积极性。比如,妈妈扮演学生,让孩子扮演老师,为妈妈讲一讲作业。这种做法好处有三点。

（1）当孩子做作业遇到难题时，妈妈大可不必立马告诉孩子答案，可以装出自己也不懂的样子，认真思考，让孩子觉得并不是因为自己笨，而是题目确实有难度，连妈妈也要思考半天，从而增加孩子想解决难题的勇气。

（2）妈妈装不懂也是一种有效的可以激发孩子学习积极性的方式。特别是低年级孩子的妈妈，应格外注意运用这种方式，让孩子觉得"我比妈妈厉害，我可以教妈妈""妈妈没我懂得多"，这对孩子来说是极大的鼓励，可以不断地提高他的学习兴趣和自信心。

（3）孩子做作业的过程是一个妈妈示弱、孩子变强、变独立的过程。"这道题目我不会，你能教妈妈吗？"孩子向妈妈讲述的过程也是一个理清思路、找到解题方向的过程。

因此，对于那些对作业提不起兴趣的孩子而言，妈妈不妨让孩子开口讲一讲作业。具体方式如下。

1. 孩子写完作业之后再进行

如果妈妈在孩子写作业之前就告诉孩子让他扮演老师讲题，那么，对于容易兴奋的孩子而言，就容易处于一种兴奋的状态中而无法专心完成作业。所以，讲解应在孩子写完作业之后再进行。此时，妈妈不妨对孩子说："今天我们玩个角色扮演的游戏，你扮演老师，妈妈扮演小学生，你把作业内容讲给妈妈听一下吧！"对于这种新鲜的形式，孩子大多会乐于接受。

2. 注重语气

虽然只是一种角色扮演,但是妈妈和孩子都需有一点敬业精神。对于妈妈来说,应放下家长的架子,虚心向"小老师"请教。请教的时候一定要有礼貌:"老师,我还没听懂,你再给我讲解一次吧!"而不是对孩子说:"你讲了些什么啊,令人听不懂。"简而言之,我们要深入到自己的角色中,以免用命令的口吻让孩子产生抵触情绪。

3. 教给孩子一定的讲解逻辑

很多孩子往往不能清晰地将作业讲解清楚,因此妈妈要教给孩子一定的讲解逻辑。比如:

> 这个词语读:_____ 可以组词:_____ 它的意思是:_____ 我用这个词语造句:_____
>
> 这道数学题目涉及的公式:_____ 我的解答方式是:_____ 解答时可能出现的问题:_____
>
> 英语单词的发音:_____ 用法:_____ 用单词说一个句子:_____

除此之外,面对孩子讲解得比较笼统的地方,妈妈还可以通过不断提问的方式引导孩子一点点地讲解清楚,帮助孩子理清讲解思路。

不要用物质激励孩子做作业

为了能让孩子顺利地完成作业,妈妈们往往各显神通:有的在孩子身边寸步不离,指指点点;有的则采取严厉的态度,一旦发现孩子出现错误,就对孩子大声呵斥;还有的妈妈觉得威逼不行,只能利诱,她们采用各种"糖衣炮弹"来激励孩子,比如写完作业之后奖励孩子几块钱,或者给孩子买各种礼物。

前面两种强硬措施,我们已经知道并不可取。那么,第三类妈妈的"奖励政策"是否有效呢?

斯坦福大学心理学家马克·R.莱佩尔和密歇根大学的心理学家大卫·格林为了观察奖励在孩子们的学习活动中所起到的作用,挑选了51名喜爱绘画的小学生,并且对其中一部分孩子说,如果他们参与实验的话,就会得到一份带有金色印章和缎带的证书,而对另一部分孩子则什么也没说。通过几周的观察后,他们发现那些被事先告知有奖励的孩子在绘画质量和绘画兴趣方面反而不如其他没被告知的孩子水平高。

为什么会出现这样的情况呢？通过试验研究发现，人的行为动力主要来源于外部动机和内部动机，而物质奖励容易消减人的内部动机，最后只能依靠外部动机行动，否则就会失去行动力。之前孩子绘画是因为他们喜欢这样做，此时他们有一定的内在动机驱动力，而当实验人员告诉他们有一定的奖励后，他们的兴趣便发生了转移。简而言之，他们不再为了自己的喜好而绘画，而是为了奖励而绘画，在这个过程中，出现敷衍的概率就比那些不知道有奖励的孩子大了许多，所以才会导致这样的结果。

由此我们不难发现，用奖励的方式激励孩子写作业并不合理。此外，如果妈妈引导不佳，还会对孩子的学习造成很多不良影响。

举例来说，有一位妈妈曾经告诉孩子，只要认真完成每一科作业，就会奖励给他5块钱。刚开始，孩子觉得写完作业还有钱赚，非常划算，可在实行了一段时间后，孩子对物质的需求越来越大，他发现5元太少了，于是拿完成作业这件事对妈妈加码，要是不给，就不写作业。写作业本是孩子的分内之事，现在却成了威胁妈妈的有效武器。不久后，孩子开始变得热衷抄袭作业，而非自己动脑解决。在孩子看来，零花钱够自己花几天了，所以等花完之后再认真写作业，要妈妈付钱，有钱的时候就无须再写作业了，这严重扭曲了孩子的学习态度。

所以，对于孩子写完作业后的奖励问题，妈妈须仔细斟酌思考，否则，只会适得其反。

1. 不将作业与物质奖励挂钩

一些妈妈之所以使用奖励手段激励孩子,主要是认为,在孩子完成学习任务后,给孩子奖励,一来可以让孩子感受到家长对自己的爱,二来可以让孩子再接再厉。其实,这种做法不仅没必要,而且还会给孩子传递这样一种观念:作业可以与物质奖励进行等价交换。妈妈给我的奖励多,我就写作业;如果给的少,我就应付。

因此,对于那些不爱写作业的孩子来说,家长不要让孩子认为作业可以和奖励挂钩,而是要让孩子明白,写作业是自己必须要完成的任务。完成的话,可以获得大家的认可,如果完不成,不仅会影响自己的学习成绩,还会受到家长和老师的批评。

2. 使用优秀表现记录表格

为了促使孩子更好地完成作业,家长可以根据孩子的作业质量列一个如下图所示的作业记录表。如果孩子的作业完成得不错,可以在表格上面画小红花、星星、笑脸之类的符号用作奖励,也可以盖上一个好孩子章。还可以创造一些荣誉称号,比如"作业小达人"等。

作业	完成情况	作业存在的问题	评分
语文	已完成	有几个汉字没有掌握	已经写得不错了,再接再厉(五朵小花)
数学			
英语			

3. 用有意义的活动作为奖励

如果奖励使用太多，孩子就会变得不再对奖励感兴趣。因此，家长不妨偶尔用一些有意义的活动当作对孩子的奖励。比如，如果孩子的作文被老师评定为优秀，家长可带孩子去图书馆看一看书；如果孩子的数学作业做得不错，家长可带孩子参观一下博物馆等。这样可以促使孩子在进步的同时，也让其感受到学习带来的快乐。

除此之外，妈妈一个赏识的眼神、一个肯定的微笑、一次温暖的拥抱等，都可以带给孩子很好的精神奖励，让孩子获得情感上的满足，带给他们更多的学习动力。

及时表扬、肯定孩子

在很多家庭里,孩子做完作业后,犹如一场批斗大会。

爸爸:"你小数点又点错了,怎么这么马虎呢!"

奶奶:"写个作业这么磨蹭,还要不要睡觉了?"

爷爷:"你就不能认真点儿,让家里人省点儿心吗?"

妈妈:"陪你写作业这么长时间,你还一错再错,你对得起妈妈吗?"

……

试想,在这样的一个批评的氛围里,孩子怎么会有心思好好学习呢?妈妈的辅导又怎么能有效呢?

事实表明,当批评远远超过表扬时,孩子将失去学习的兴趣,并拒绝或敷衍各种学习任务。

因此,妈妈学会表扬孩子,也是辅导孩子做好作业的关键一环。可能有的妈妈会说:"我经常表扬孩子,大事小事都表扬他,非常注重表扬的激励作用,可时间长了,孩子仿佛产生了抗体一样,表扬已经起不了什么作用了。"

实际上,表扬孩子也要讲究技巧,虽然妈妈的出发点都是表扬孩子,但是不懂方法,可能未必见效。

1. 表扬努力,不表扬聪明

美国心理学家米勒和德韦克做过一个表扬"聪明"还是表扬"努力"的实验,其结论耐人寻味,对我们在家教中如何称赞、表扬孩子具有借鉴、指导意义。

他们要求孩子做一组中等难度的题目,做完之后,他们先称赞孩子说"你做得非常好,你打分很高",再对参与实验的一部分孩子说"你真聪明";而对另一部分孩子说"你能回答这些问题,一定付出了很大的努力"。

之后再要求孩子做第二套题,因为难度太大,孩子的表现普遍不理想。实验人员让孩子想一想没有回答出来的原因,被夸聪明的孩子将原因归于自己不够聪明,而另一部分孩子则把原因归为自己还需努力。实验结果说明,被表扬聪明的孩子遇到困难后往往对自己的先天智力产生怀疑,而不会反思自己有没有付出足够的努力。

因此,妈妈在夸奖孩子时一定要围绕努力展开。比如:"你今天比昨天书写的更加工整了,相信你一定付出了努力。"而非:"你写得这么好,你真聪明!"

2. 从孩子最希望得到表扬的部分着手

怎么才能知道孩子最渴望被表扬的部分呢？这里有个小窍门。一般来说，孩子最想"显摆"的地方就是渴望妈妈看到，希望被妈妈表扬的。比如，孩子在写完作业之后会说："妈妈，我完成了，现在刚8点。"那么妈妈就可表扬孩子说："你比昨天快了半个小时，效率很高，但就是不知道你的作业质量怎么样，妈妈觉得你可以花10分钟的时间再检查一下作业，你认为呢？"这样既表扬了孩子想被表扬的地方，又对孩子提出了检查作业的要求，这样的表扬才是最高效的。

3. 表扬的语言要具体化

"你真棒！""你真不错！"这样的话，孩子几乎从小听到大，因此，很难再进入到孩子的心里面。表扬孩子的时候，妈妈可将表扬说得具体一点："你的作文立意真的非常新颖""你的解题步骤很详细，我相信你一定经过了缜密的思考""你字间距控制得很好，继续努力！"这样具体的表扬会令孩子感到妈妈的真诚，因此更具激励作用。不过，妈妈在表扬孩子的时候要切合实际，不能让孩子觉得虚伪。

最后，需要注意的是，每个孩子的性格都各具特点，想要的表扬方式也不一样，妈妈还需注意表扬的语言色彩，比如使用夸张的语气或者意外的语气，再或者二者相结合，以使孩子更加努力。

相信孩子,不怀疑孩子的能力

一位妈妈在检查孩子的作业时,发现孩子做错了一道题,在给孩子讲解了三遍后,孩子还是不明白。最终,妈妈失去了耐性,无奈地说:"你就按照我说的步骤进行吧,这么简单的一道题目,你怎么就不会呢?怎么就这么笨呢!"

其实,未必是孩子智力存在问题,有可能是妈妈高估了孩子的理解能力,也可能是孩子没有理解当天的知识,所以才不小心出错。不管出于什么原因,如果妈妈经常否定孩子,那么时间长了,孩子难免会被这样的负面暗示侵扰,怀疑自己学习真的不行,是一个笨孩子,最后变得越来越自卑,就会丧失学习兴趣。

> 美国著名心理学家罗森塔尔做过这样一个实验:他和助手来到一个小学,煞有介事地告诉校长和相关教师,他们要进行一项"潜力发展趋势测验",并将一份该校最具发展潜力的学生名单交给了他们,罗森塔尔神神秘秘地告诉教职人员一定要

> 保密，以免影响实验结果。其实，罗森塔尔只是撒了一个谎，因为名单上的孩子只不过是他们随机挑选出来的。可8个月之后，凡是名单上的孩子，都较一般孩子表现优秀。

显然，罗森塔尔的谎言发生了作用：这份名单影响了教师对学生的判断，他们坚信名单上的这部分学生就是最有发展潜力的。并将这样的心理通过自己的情绪、言行传染给了学生，使他们强烈地感受到来自教师的期盼和关爱，从而变得更加自信、自强，并最终取得了显著的进步。

因此，在辅导孩子做作业的时候，妈妈一定要谨言慎行，不要随便就给孩子贴上"笨""懒""脑子不好使"等负面标签，而是要相信孩子的能力。

1. 相信孩子可以完成作业

妈妈经常盯着、手把手教孩子写作业，这在干扰孩子写作业的同时，也在暗示孩子：你自己做不好，所以才需要妈妈事无巨细地管理你。其实，这对孩子来说是一种压力，慢慢地，孩子就会变得不自信，遇到什么问题都会让妈妈帮忙。

因此，家长不妨把决定权还给孩子，相信孩子可以独立完成作业，让孩子自己安排做作业的时间、顺序，要求孩子自己检查、自己查资料弄清难题，妈妈只在一旁做适当的监督、引导即可。虽然刚开始对孩子来说比较困难，但是时间长了，孩子就会从家长的言行中感受到家长对自己的信任，从而会越做越好。

2. 不给孩子过高的期望

俗话说："欲速则不达。"如果刚开始就给孩子制定过高的作业目标，比如，对于平时经常马虎出错的孩子，妈妈某次要求他作业必须达到100%的正确率，那么，孩子未必能实现，此时，不用家长说，孩子内心也会觉得自己很笨。

因此，妈妈不要一次给孩子太大的压力，不妨要求平时经常马虎出错的孩子，作业正确率先提高20%，再提高30%，一步步地提高孩子的自信，最终实现100%的正确率。

需要注意的是，家长不要拿孩子与别的孩子比。"你看小明做作业比你认真多了，你写得像天书一样！""你看小丽这次作业都做对了，你都是叉号。"这样的对比，会让孩子觉得自己笨，自己不如别人。因此，家长不妨这样对孩子说："你说为什么小明每次作业都得优呢？"让孩子自己找一找差距，并引导孩子改掉自己的坏习惯，鼓励孩子向做得好的人学习。

拒绝啰唆、催促

说起指导孩子写作业,不少妈妈感到十分痛苦,孩子也往往大倒苦水:"我在写作业的时候,妈妈总是唠叨我,一会儿说'你写字太马虎了,'一会儿又说'你写得太慢,赶紧写……'我一写作业,妈妈就开始没完没了地唠叨,哪还有心情写作业!"

孩子口中的唠叨其实是妈妈出于对孩子学习的关心才不停地叮嘱孩子做好作业。她们看不惯孩子的马虎与拖沓,所以才唠叨、催促或者批评。可是,孩子并没有因为妈妈的唠叨而有所改变,这是为什么呢?

其实,孩子在写作业时,妈妈经常唠叨,会给孩子造成一定的压力。尤其是那些控制不住脾气的妈妈,容易将唠叨转化为对孩子的责骂。而孩子如果经常处于这样的气氛中,便会情绪紧张,影响到写作业的状态,正如我们心情低落时,工作效率也会随之降低一样。所以,在听到妈妈的唠叨后,孩子会觉得自己难以写好作业,于是不想写或者表面屈从,内心却不服气。

妈妈唠叨看似是关心孩子学习,但是过多的唠叨和催促只会破坏孩子写作业的积极性,打击孩子做作业的信心,并且使他们产生厌烦心理。因此,智慧的妈妈不会用唠叨作为管教孩子的工具,而是懂得使用"语言艺术",巧妙地向孩子表达自己的要求。

1. 哪怕催促,也要使用正向语言

妈妈过多的唠叨和催促容易使孩子产生逆反情绪。所以,平时,孩子在写作业的时候,哪怕写得较慢,妈妈也尽量不要唠叨孩子。

如果妈妈发现孩子写作业时出现了一些较大的问题,比如心不在焉或者敷衍应付,在这样不得不指正的情况下,建议妈妈也不要说一些否定性的语言,以免使孩子产生厌恶心理;而应该多用正向语言积极地引导孩子,比如:"今天进度很快,写完语文作业之后,我们是不是应该写数学作业啦?""今天做得不错,就是字迹有点儿看不清,下次认真写,就能锦上添花了!"……这样正向的语言容易激发孩子写作业的兴趣,让孩子变得更加主动。

2. 只说一遍,不要反复说

对于孩子作业中暴露出来的问题,妈妈可在孩子写完之后再对其进行指正。在孩子放学回家后,妈妈可就孩子平时作业中易出现的问题事先对孩子进行说明,比如要注意打草稿,要注意写清步骤,提醒孩子必须做到的几点,之后可让孩子自己写,妈妈不必

在一旁指指点点。在孩子写完后,再检查一下孩子有没有达到要求,如果还有问题,妈妈可结合孩子的作业对其进行叮嘱,要就事论事,不要对孩子的人格进行否定,比如:"你怎么漏写了一道题目,你怎么总是这么粗心,你是故意骗妈妈的吧?你以后能记住吗……"这样的唠叨只会让孩子失去写作业的热情。

3. 通过小纸条提示

在意识到自己已经形成习惯性唠叨后,妈妈可采用小纸条的方式与孩子进行沟通,拉近与孩子之间的心理距离,减轻自己的焦虑。比如,将写有"相信你一定会注意到书写问题的!""加油!注意小数点问题"这样鼓励话语的小纸条贴到孩子的书桌旁,时刻让孩子注意到这些作业小细节,给孩子自由的同时,也通过小纸条传递自己对孩子的关爱。

把握陪孩子写作业的原则

不少孩子在做作业时,总是要求妈妈陪在身边,尤其是低龄孩子。结果,陪伴孩子做作业成了不少妈妈每天不得不做的功课。

某小学对本校372名学生做过一项调查,结果显示,60.2%的家长有陪孩子写作业的习惯,64.2%的家长则会主动帮助孩子改错。其实,陪伴孩子写作业的行为会影响孩子独立做作业习惯的养成,同时,也会带给家长一些在所难免的困扰。

一位妈妈在谈到孩子的作业问题时这样说道:"从孩子上小学开始,为了不让孩子落后于其他同学,我每天都会陪伴孩子写作业。在我的陪伴下,孩子做作业也很认真。可是时间一长,我发现他现在写作业,中途遇到什么难题,想都不想就向我求助。而且我发现,当我在他身边的时候,他作业质量就高,不在他身边的时候,孩子做作业就很没有状态。"

如今,不少家长都有类似的苦恼:一边担心孩子离开自己之后,作业不能认真地完成,另一方面又害怕自己的陪伴会造成孩子的依赖。于是，妈妈不禁要问："到底要不要陪孩子写作业呢？"想要解决这个问题，妈妈还需根据孩子的心智发育水平做出判断。

1. 低年级适当辅导

对于一些低龄孩子而言，他们自控力比较弱，往往放学回家后就把作业扔到了九霄云外。此时，家长的督促和提醒就显得格外重要。当然，妈妈也可以陪伴孩子写作业。这里所说的陪伴不是坐在孩子身边对孩子的作业指指点点。相反，家长可在孩子做作业时，安静地阅读一本书，用这样的方式陪伴、影响孩子，给孩子传递这样的信号：作业是自己的事，需要自己认真完成。

另外需要注意的是，妈妈看到孩子写得比较慢或遇到困难时，不要急于告诉孩子怎么做，否则就会剥夺孩子独立思考的权利。因此，在陪同孩子写作业时，应尽量鼓励孩子思考，哪怕做错了，也要让孩子了解原因，让孩子吃一堑长一智。

2. 高年级逐渐放手

一般来说，对于小学高年级的孩子而言，他们已经具备了一定的独立完成作业的能力，此时，家长的作用主要是督促孩子查漏补缺、辅助孩子解决学习中的问题，检查孩子的作业完成情况。此时，应逐渐放手让孩子独立完成作业。

具体来说，家长可在孩子做作业之前让孩子写一个作业计划，安排每天的作业任务和所需时间，这样，哪怕妈妈不在眼前，孩子也会有条不紊地完成任务。在孩子写完作业之后,经常会有一些疑难问题,家长应该鼓励孩子自己先尝试解答。如果实在难以解答,家长也要听一听孩子对题目的认识,然后再与孩子进行探讨。这样,孩子就可以逐渐摆脱对家长的依赖,按照自己的节奏独立地写作业。

3. 提前帮孩子扫一扫"地雷"

对于那些严重依赖妈妈的孩子来说,他们多半是对作业产生了畏难情绪,不愿自己动脑解答。对此,家长不妨先让孩子浏览一下作业内容,让孩子挑出两三道自己认为最难的题目。然后,家长从启发孩子的思维入手,问一问孩子不理解的地方有哪些,给孩子做一些简单指导,鼓励孩子独立完成。即使实在完成不了,也要让孩子能写多少算多少,在孩子完成全部作业之后,再给孩子详细的解答。

妙用签字的权利

一般来说,在孩子写完作业后,老师都会要求家长在写完的作业下面签字,以便起到更好的监督作用。签字看似简单,实则却蕴含着很大的学问。很多妈妈没有意识到这一点,在给孩子签字时,只是马马虎虎地签个名字,或者在孩子的作业本上笼统地评价孩子"不仔细""太粗心"等,这种"应付式监督"不仅打击了孩子学习的自信心,还失去了与老师沟通孩子学习的珍贵机会。

其实,如果妈妈能巧妙地用好"签字"这项权利,不仅可以改变孩子做作业的态度,还可以让老师了解到孩子在写作业中遇到的困难以及知识的欠缺,从而更加有的放矢。具体来说,妈妈在给孩子签字时,可从以下几方面着手。

1. 签字应具体

孩子在写作业的过程中总会出现各种各样的问题,妈妈与其埋怨孩子,倒不如结合签字这样的机会,换个轻松的方式,与孩子一起发现问题，找到解决问题的方法。一位妈妈在给孩子签字时，就写得非常详细：检查完孩子的作业后，我发现孩子对今天所学的定理还不太理解，但是解题思路比较清晰，我相信他在弄清这个定理的应用后，解答起来一定会游刃有余。孩子看到这样的签名后，往往做作业的态度也会随之变得严肃、认真起来。

2. 利用签字的机会，多与老师沟通

很多孩子的学习问题是由于家校之间沟通不及时造成的。如果妈妈利用好签字的机会，将孩子在作业中出现的一些突出问题、不错的想法以及一些巧妙的解题思路告诉老师，就可以有效地解决这个问题。以数学为例，妈妈可以从家长的角度告诉老师，孩子掌握的不好的地方有哪些，理解的不错的知识有哪些。这样，老师在批阅作业时，就能对孩子的学习状况做到心中有数，从而更加照顾孩子的不足之处。

3. 签字内容应正面、丰富

妈妈在签字时，应用正面的积极话语鼓励孩子，以此提高孩子写作业的积极性。比如："今天作业本比昨天干净多了。""如果再认真思考一下就更好了！""你的想法非常独特，妈妈都想不到。"这样的签名往往会让孩子喜笑颜开，让孩子体会一种成就感。另外，每天签字的内容不能千篇一律，要有所变化。比如，孩子一段时间以来做作业总是马虎出错，妈妈在签字时，可以是"解

答方法正确,审题时需要一字一句地读,这样就更好了!""如果计算时写清楚每一个步骤,是不是就能得到正确结果了?"……

签字看似小小的一个行为,却可以引起一场蝴蝶效应。妈妈用心去签,相信孩子做起作业来也会更加用心,因为在孩子看来,妈妈是家中的老师,作为学生,都想得到老师的肯定和鼓励。

第三章

谆谆教诲，培养孩子做作业的好习惯

对于不爱写作业的孩子，妈妈通常会经过一番"努力"，孩子才会安稳地坐下来写作业。与此同时，孩子在做作业的过程中，一些问题也开始显现。比如做作业时不爱动脑，不复习就着急写作业，喜欢抄袭网络或者他人的作业……这些问题令妈妈感到头疼不已。因此，对待孩子做作业的问题，妈妈依然不能掉以轻心，培养孩子做作业的好习惯是关键。

做作业时独立思考的好习惯

我们都有过这样的体验：没经过思考的知识，哪怕学了，也会很快忘得干干净净；而经过思考、记忆之后的知识则在大脑中存储得很牢固，往往会持久不忘。这就是"学而不思则罔，思而不学则殆"的道理。

如果妈妈足够细心，便会发现很多认真做作业的孩子在课堂测验中经常错误百出。为什么呢？这是因为，如果孩子做作业时只是单纯地抄写单词、汉字，或者照搬、照用数学公式，就算孩子写完了作业，也并不代表孩子掌握了知识。因为不经过思考，孩子就无法将学到的知识转化为自己完全理解的知识，一旦遇到题型变化，孩子就无法适应，从而容易出错。

另外，随着所学知识的不断增多，孩子的作业难度也会越来越大，如果孩子没有养成独立思考的习惯，那么，他们最终将无法很好地完成作业。

当妈妈要求孩子做作业要思考时，不少孩子一头雾水。对于他们而言，思考是一个很抽象的词语，他们并不理解要思考什么、该如何思考。另外，妈妈在辅导孩子时也没有一个可参考的模式，于是教孩子思考便成了一件只可意会不可言传的事情。最后，妈妈很费力地教孩子思考，可孩子依然不得法。所以，培养孩子独立思考的习惯，越早越好。

其实，引导孩子思考并不难。以做数学作业为例，我们可以从孩子的思维训练入手，逐步培养孩子爱思考的好习惯。

1. 做之前找一找思路

妈妈可以指导孩子在解答题目之前，先整理一下解题思路。比如，在草稿纸上简单地写一写公式、定理，或者画一画简图，这样孩子的思考就有了支撑点，同时还可以保持孩子思考过程的完整性，使孩子的作业变得规范、工整。

2. 让孩子写解题步骤

如果孩子的思考过于简单，就容易被题目迷惑，草率地做出错误答案；或者思考得不全面，就容易出现思维漏洞，导致解题过程不完善，出现丢三落四的现象。这对孩子以后的学习极为不利。针对这种现象，妈妈要引导孩子一步步地写清解题步骤，不能有遗漏，更不能只写答案不写过程。因为孩子写解题步骤的过程也是他思考的过程。

3. 引导孩子进行反思

孩子解答完题以后，妈妈要引导孩子认真地想一想这道题目要考查什么知识点，为什么这个方法比较好，哪些情况还可以用到这种方法等。对于某些题目，很多孩子仅仅满足于"已经懂了""这样的题目已经做过了"，而很少再去追问自己："理解得深不深？""做题的速度快不快？""准确性如何？"因此，家长应引导孩子从一题多解、一题多用、一题多变三方面进行反思。

一题多解：就是运用多种途径，找出多种解法解答同一道题目。

一题多用：就是把求得的结果作为已知条件，把某个已知条件改为所求的问题，再分析解答。

一题多变：就是把题目中的某个术语或重要语句换成其他术语或语句，然后进行解答。

既然是引导孩子思考，那么我们千万不能将解题步骤或者答案直接告诉孩子，不然，孩子就会懒于思考。所以，妈妈一定要让孩子自己想，如果实在想不出，妈妈可以告诉孩子思考的方向，给孩子一些思考提示，让孩子在妈妈的引导下，逐步提升独立思考的能力。

先复习再做作业

在日常生活中,经常会有这样的现象:很多孩子没有做作业前先复习的习惯,他们放学回家后就急急忙忙地写作业,在他们看来,早写完就可以早玩一会儿。可是,在做作业的过程中,他们总会遇到一些令自己抓耳挠腮、解决不了的问题,结果事与愿违,写作业经常拖沓到很晚才结束。相反,如果孩子先复习一下当天所学的功课,然后再做作业,作业完成起来就会更加顺利。这是为什么呢?

这是大脑遗忘规律在产生作用。著名的艾宾浩斯记忆曲线告诉我们:如果学习效果是100%,那么一天之后,就剩下60%左右;两天之后则减至40%;到第三天,人就只能记忆30%左右;之后,遗忘速度减慢,一个月以后仍记得20%左右。

也就是说,人的遗忘在学习之后就开始了,而且遗忘的规律是先快后慢。与此相关的是,美国心理学家盖兹通过实验证明,人在学习过后,经过复习而掌握的知识,会持久不忘,而对于刚学完的知识不加以复习，知识就会像过眼云烟一样，转瞬即忘。

由此，我们不难得出结论：孩子要想掌握知识，顺利地完成作业，必须经过多次复习，勤做练习，在写作业的实践中不断总结、提高才能实现。另外，磨刀不误砍柴工，做作业之前先复习，不仅可以提高孩子做作业的效率，还可以提高他们对知识的理解，减轻他们对家长的依赖，是孩子独立做作业的重要一环。

学习是一个承上启下、循序渐进的过程，如果孩子知识学得不扎实，不仅容易遗忘，做作业有困难，还会为之后的学习埋下隐患。因此，家长要督促孩子做好复习这项工作，在孩子回家后先让孩子复习、整理当天学过的功课，弄懂每一个知识点，然后再去做作业。具体方法如下。

1. 口头引导孩子回忆

家长可引导孩子从以下几个方面回忆。

所学内容：你们今天学了哪篇课文，学了哪些新的字词句呢？数学学了什么公式、定理？……

孩子表现：在课堂上老师有没有叫你回答问题？你回答得怎样呢？……

知识难易程度：你觉得今天学的知识难不难？对于老师讲解的内容，你都弄明白了吗？……

对于自尊心比较强的孩子来说，如果课堂上他没能回答出老师的问题，那么，妈妈提问的过程可能会让他感到羞愧。因此，如果妈妈发现孩子回答起来支支吾吾或者沉默不语,就要告诉孩子:"我们接受知识需要一个慢慢理解的过程,只要你现在掌握了就可以了。"妈妈要注意的是,提问是让孩子在回忆一天所学的基础上,了解自己的欠缺,而非责备孩子没有回答出问题。通过这样的口头复习,妈妈可以更加清楚地了解孩子的所学状况,在帮助孩子复习的基础上,做到有的放矢。

2. 简单地做一下整理

举例来说,在孩子复习完后,妈妈要督促孩子抽出时间再仔细地读读当天学过的课文,对于课文中出现的生字、生词等,一定要结合字典弄懂;对于课文涉及的作者简介、主题思想的概括方法、文章的写作方法等,也要有一个清晰的认识,之后再开始正式地做作业。

而对于数学作业来说,家长可指导孩子按照下述格式简单地记一记:

```
第____章第_____小节
小标题_____
例题_____
定理_____
公式_____
课堂练习出错的题目以及改正_____
```

在做作业之前,让孩子复习一下,把该掌握的知识都掌握了,做作业时就不会出现频繁翻书的情况,思路也会更加清晰、活跃,对知识的理解和运用也会更加娴熟,做起作业来自然又快又好。

拒绝抄袭他人的作业

一位妈妈在谈到孩子的作业辅导问题时说:"我家孩子总爱抄袭别人的作业。在被老师批评教育后,依然我行我素,老师要我抓好孩子做作业这一环,可我除了苦口婆心地劝说之外,想不到其他更好的办法,到底该怎么办呢?"

平时,喜欢抄袭作业的孩子大有人在,想要让孩子告别抄袭作业的坏习惯,首先家长需要了解孩子为什么总是抄袭别人的作业。

一般来说,孩子不爱写作业的原因主要有以下几点。

(1)不会写。不少孩子由于基础差或者没有听明白老师所讲的内容,写起作业来自然感到困难重重。这些孩子不敢请教妈妈或同学,害怕被他们责骂或笑话,而此时,抄袭作业是既能掩盖自己的缺点又能应付差事的最佳方式。

(2)懒于动脑思考。面对某些需要动脑思考才能完成的作业,孩子会产生畏难情绪,认为抄袭别人的答案要比自己动脑思考更轻松。

（3）忘记写作业。有时候孩子会为了娱乐而忘记写作业，等要交作业的时候，一下慌了神，因此不得不抄袭。

（4）家长或老师太看重结果。有的老师或者家长太看重作业正确率，孩子为了迎合老师或家长的标准，不得不选择抄袭。

面对孩子抄袭别人作业的行为，妈妈须明确地告知孩子，抄袭作业有百害而无一利。比如，抄袭行为阻碍了知识进入大脑，久而久之就会失去思考力，成绩也会下降。另外，抄袭还会导致纪律性变差，出现厌学倾向……需要注意的是，家长在与孩子沟通时要心平气和，就像与朋友聊天那样与孩子交谈，切忌用责骂的态度来教育孩子，以免孩子产生逆反心理，屡教不改。

除此之外，妈妈还可以参考以下建议。

1. 弄清原因，对症下药

（1）因为不会写而抄袭。妈妈可拿出半个小时的时间，帮助孩子一起分析作业，查漏补缺，并针对难一点的题目进行分析。比如，让孩子说一说难点在哪里，以便妈妈及时对孩子进行点拨。

（2）不爱动脑而抄袭。对于这样的孩子而言，妈妈要注意，当孩子经过苦苦思索才解答出题目后，家长要注意及时地鼓励他。鼓励的时候不能说"你真聪明"，而是要更加具体，比如"你的解题步骤很清晰""你用公式用得很正确，做到了活学活用"，利用这样的鼓励方式充分调动孩子独立思考的积极性。

（3）贪玩忘记写作业。对于这样的情况，妈妈可在孩子放学后先让其安排一下做作业的时间,然后按照计划进行。在孩子写完后,妈妈要给孩子玩的时间,让孩子明白,先完成作业才能痛痛快快地玩。

(4)为了讨好大人而抄袭。对于孩子的这种动机,妈妈可先进行自我反思:是不是平时对孩子的要求过高,是不是对待孩子太过严苛。找到自身的原因,然后进行改正。

2. 罚孩子不写作业

如果妈妈发现孩子屡屡抄袭别人的作业,就要对孩子进行必要的惩罚,让孩子意识到这种行为的错误。妈妈不妨用"禁止孩子写作业"的方式对孩子进行惩罚。可能有的妈妈会说:"本来孩子就不爱写作业,这样岂不是让孩子在写好作业的路上越走越远了?"其实,孩子并非天生抗拒写作业,他们之所以抄袭,多是惧怕完不成作业的后果,即被罚写更多的作业或者受到家长、老师的责罚。所以,妈妈反其道而行之,给孩子彻底放一个假。

刚开始的时候,孩子可能很高兴,心想:妈妈和老师商量好不要我写作业,这是多好的事啊!但用不了几天,孩子便不会这样想了。因为孩子大多有从众心理,其他孩子都写作业,自己却不写作业,每天面对其他同学异样的眼光,不知不觉,孩子便成了班里的边缘人,这种滋味往往令孩子无法承受。

另外,别人作业写得好会受到老师的表扬,而自己因为不能写作业将永远无法被老师表扬。想到这,孩子往往不甘心,于是，可能过一段时间之后，孩子便会主动对妈妈说："妈妈，我要写作业，我不抄袭别人的作业了！"这样，家长的教育目的也就达到了。

做作业不拖延

对于不少妈妈来说,孩子学习主动性差,写作业拖延,效率低下是摆在其面前的棘手问题。

> 乐乐读小学二年级,每天放学后总是先打开电视看动画片,从不主动写作业。妈妈催他:"赶快去写作业。"而乐乐每次都回答妈妈说:"我再看一会儿。"可乐乐的"一会儿"有时是半个小时,有时长达一个小时,最后他不得不熬夜写作业到10点多,这令妈妈感到既烦恼又心疼。

一般来说,如果孩子回家后先看电视,在他们看得很专注时,妈妈催促孩子去学习,此时,会产生两种结果:一种是孩子带着怨气去写作业,因为惦记动画片,写起作业来注意力也难以集中,最后不得不敷衍了事;另一种则是孩子搪塞家长再玩一会儿,结果因为缺乏时间概念,看起来没完没了,不得不熬夜写作业。不仅作业毫无质量可言，还会影响到第二天的学习。

从心理学角度来说，拖延是指孩子意志缺陷，不能按照自己的意愿做事的行为和心理状态。如果孩子做作业拖延，便会陷入拖延—低效—情绪困扰—失败的恶性循环。毫不夸张地说，拖延是孩子写作业的大敌。对此，妈妈要引起足够的重视，采取一定的方法帮助孩子走出写作业总爱拖延的困境。

1. 逐步纠正

喜欢拖延的孩子总有成千上万个理由来抵触写作业，比如要看动画片、饿了、累了……他们能玩一会儿是一会儿。面对这样的情况时，妈妈不要急躁，可逐步引导孩子改掉拖延的不良习惯。比如，第一天，可以允许孩子先玩40分钟之后再去写作业，第二天可以让孩子只玩20分钟，之后立马去写作业。需要注意的是，如果孩子能做到，那么妈妈一定要给予孩子肯定和鼓励，以使孩子的良好行为持续下去。

2. 和孩子一起制定写作业的规矩

纠正孩子写作业拖延的最好方法是，妈妈与孩子事先制定学习规矩，要求孩子言必行，行必果。比如，放学回家后，第一件事是先做作业，做完之后再尽情地去玩；写作业的时候要专心，不能吃零食或者看电视；等等。如果孩子能做到，他就可以慢慢改掉拖延的坏习惯。

3. 让孩子承担拖沓的后果

如果妈妈给孩子讲过做作业拖延的危害，并多次催促无果后，妈妈可以采取放任不管的态度，让孩子尝试一下拖延带来的后果，他可能会因为作业质量不高而受到老师的批评，也可能会因为熬夜写作业导致第二天上学迟到。在孩子知道拖延带来的后果后，他便不会因为贪玩而拖延了。

4. 找出孩子拖延的原因

很多孩子也想改掉拖延的坏习惯，可总是不自觉地磨蹭起来。对此，妈妈可以与孩子一起分析一下，将孩子拖延的原因一一列出来，然后贴到孩子的书桌上。这样就可以让孩子做到心里有数，避免长时间的分神、玩橡皮等拖延现象的发生。

认真书写，保持作业本干净

做作业是一件很平常的事情，作业本也是孩子们每天都在使用的，但是孩子们的作业本不尽相同，有的整洁干净，有的则一言难尽：

作业本总是脏兮兮的，上面有果汁、油渍等。

封面卷角、破损，被涂得乱七八糟。

作业本中的字迹书写不规范。

作业本内页被橡皮擦得脏兮兮的。

……

一般来说，孩子的作业本之所以不能保持整洁，主要原因有以下几点：

（1）从低龄孩子的心理和生理特点来看，孩子喜欢涂涂画画，并将其当作一种自娱自乐的游戏。

（2）孩子的好奇心强烈，注意力不持久，无法专心致志地做作业，因此作业本很容易被乱涂乱画。

（3）不少孩子对知识掌握不牢，反复修改，所以容易出现橡皮擦破作业本的现象。

（4）孩子还没有养成良好的写字姿势，手肘易朝内握笔。

（5）边玩边写或边吃边写，导致页面出现污渍。

不少妈妈认为只要孩子掌握了知识，题目解答正确就可以了，哪怕作业本不整洁也没关系。

事实上，如果孩子不注意，妈妈不引导，孩子一旦形成习惯，以后在答试卷时，可能就会因为卷面的问题而吃亏。因此，妈妈不能仅仅关注孩子有没有掌握知识，还要帮助孩子养成做作业的好习惯，引导孩子从现在做起，保持作业本的整洁。

1. 及时提醒

孩子写作业潦草，有时并非有意，多半是写着写着忘记了。所以，在孩子写作业之前，妈妈不妨将一份写有"作业要保持整洁"的小纸条贴在桌子上或者墙面上，时刻提醒孩子在追求正确率的同时，也要注意作业本的整洁。

2. 给孩子做一下示范

平时，妈妈可以找一些页面整洁的图片给孩子展示一下，让孩子明白卷面整洁需要达到的要求，比如：避免作业本出现折角，用橡皮擦的时候要小心，写字的时候要认真仔细，不要随意涂抹等。同时，妈妈可利用孩子爱模仿的天性，亲自给孩子书写一次，可一边写一边说:"一手按,一手擦,力气小,擦不净,力气大,易擦破,橡皮脏,要洗净,页面脚,要平整。"借助朗朗上口的顺口溜,帮助孩子纠正。

3. 练习一下字帖

字迹清晰、工整也是页面整洁的关键因素。妈妈不妨借助字帖适当地训练孩子,慢慢地纠正孩子书写不佳的坏习惯,让孩子打好书写的基本功。

在孩子进行书写的时候,家长要尽量从正面引导,不要打击孩子说:"你看你作业总是写得乱糟糟的,这次得认真地写了。"这虽是一句善意的提醒,但孩子听了之后可能会有不同的反应。比如,敏感的孩子多会因此产生自卑心理;要强的孩子则可能产生逆反心理,更加不愿写好,因此妈妈不妨鼓励孩子说:"慢慢练习,你已经比之前写得好很多了,原来你总是连笔写,现在一笔一画地书写,字迹看起来清晰多了!"

4. 与作业本保持整洁的同学相互检查作业

妈妈可以建议孩子,与班里那些作业本整洁、书写工整的同学相互检查作业,孩子都是有进取心的,看到别人的作业本那么干净,自然也不甘落后,自己也愿意改正不良的书写习惯。

督促孩子保持书桌整洁

儒家经典《弟子规》提到:"列典籍,有定处。读看毕,还原处。"意思是说,一个人放置书籍的地方要固定,书籍用完后要记得放回原处,不能随意摆放。其实,这就是一种学习习惯,可反观现在的孩子,写作业时,学习用品摆放的不整齐不说,书桌上还堆着杂七杂八的东西,给自己的学习带来了很多不便。

> 10岁的佳佳做起作业来很认真,可是她却有一个不良的做作业习惯,就是不整理书桌,书桌总是乱糟糟的,桌子上不仅有学习用品,还有零食、小玩具、头饰等其他物品。
>
> 一天放学后,佳佳稍作休息就开始写作业。可是写着写着,发现计算题出错了。于是她东翻西找,找遍了书包和桌子上的每一个角落,却依然没有发现橡皮的踪迹,最后不得不让妈妈再给她准备一块。妈妈刚给她拿了一块,佳佳却高兴地对妈妈说:"找到了!"

> 原来橡皮在书的夹缝里。刚用完橡皮，佳佳又发现铅笔不知道去哪了，于是，佳佳又开始找铅笔，经过这样一番寻找，半个小时就过去了。虽然佳佳写作业很认真，但是因为没有养成有条理地摆放物品的习惯而拖延了做作业的时间，导致最后失去了玩耍休息的时间。

其实，像佳佳一样不爱收拾、丢三落四的孩子并不少见。因为书桌很乱，他们经常找不到某件学习用品，结果，不得不中断做作业，先去寻找东西。这个过程严重分散了孩子的注意力，对孩子的学习造成了负面影响。

事实上，家长督促孩子收拾好书桌，并将物品摆放整齐，也是孩子做好作业的重要一环，在孩子形成习惯后，自然能减少丢三落四的情况发生。

那么，家长该如何督促孩子养成保持书桌整齐、物品摆放有条理的好习惯呢？

1. 不代替孩子整理书桌

日常生活中，经常会出现这样的情况：在孩子写作业之前，妈妈一边帮孩子收拾，一边抱怨孩子的书桌乱，而孩子则在一旁安静地听着妈妈训话。妈妈训斥完后，桌子也收拾完毕了，然后孩子自觉地坐在桌前写作业。实际上，妈妈的这种包办行为使孩子失去动手锻炼机会的同时，也为自己的辅导带来了一定的麻烦，因为孩子不懂收拾,妈妈必须每天在孩子做作业前重复这样的"开场白"。

因此,家长可事先给孩子演示一遍,边演示边讲解,告诉孩子学习用品的摆放规则,然后再让孩子自己收拾一番,这样,经过几次之后,孩子慢慢地就能学会如何整理书桌了。

2. 学习物品的摆放要固定

妈妈要提醒孩子,书桌上只能摆放学习用品,不能摆放玩具或其他一些干扰注意力的东西。同时,妈妈要告诉孩子学习用品不能乱拿乱放,让孩子给每一件物品找一个"家"。比如,将笔放到笔筒里,书本放到书架上,橡皮、铅笔刀则放在一个收纳盒里,方便取用。

3. 让孩子养成收拾书桌的好习惯

孩子不仅在做作业之前需要收拾好书桌,在做完作业后也需要把东西放回原处。比如,将用完的书本装到书包里,学习用具收纳到铅笔盒中。这样才能让孩子将收拾书桌的好习惯保持下去,提高孩子做作业的效率,同时也为第二天的有序学习做好准备。

写作业不能依赖网络

随着网络科技的发展,孩子写作业的方式也变得越来越简单,由最开始的"从课本中找答案"演变为"打开网络搜索":孩子将写作业时遇到的困难,直接输入、点击搜索,与题目相关的答案、知识点,就都呈现在了眼前。对于孩子来说,写作业不再是一件痛苦的事,他们可以很轻松地"完成",有的孩子甚至发展到每一科作业都用网络来解决的地步。比如,对语文作业中的生字词,直接利用网络查询,然后抄袭了事;数学作业更是如此,将题目输入,点击搜索,不仅可以搜出正确答案,甚至题目的多种解法也都一一展示出来;等等。

但网络在给孩子带来便利的同时,也给孩子的学习造成了不少负面影响。如果孩子过度依赖网络,就会使他们逐渐丧失学习的自主性,在遇到困难后,他们首先想的是通过网络搜索,而不再是自己动脑思考,最终,他们的思考能力便会慢慢退化,学习能力也随之下降。

因此，对于孩子来说，网络是一把双刃剑。在对待网络的使用问题上，妈妈应该给予孩子积极的引导，教孩子学会科学地使用网络，做到兴利除弊，让网络为孩子的学习服务，成为孩子学习路上的好帮手，具体来说，可采取以下几种方法。

1. 利用网络查找学习资料

网络上有很多学习资料可供孩子参考，在孩子做完作业，与妈妈商量后，可利用网络解决作业中的难题，这便于孩子全面地掌握该知识点。比如，孩子在做作业时遇到了这样的问题："屈原是哪国人？有什么代表作？"他在网络中输入关键字，答案很快就出来了。通过网络查找、搜集资料，便于扩大孩子的知识面，丰富所学内容。

但需注意的是，妈妈要告诉孩子，虽然网络获取知识更加便捷，但是网上的不少知识都来源于课本，应多看书查找资料，不要总是想着利用网络。如果必须使用网络，妈妈则要提醒孩子只能搜索与学习相关的问题。

2. 在利用网络答疑解惑的过程中要注意互动与思考

对于孩子作业中的疑难问题，家长可等孩子做完作业后，利用网络进行解决。比如，把问题发布出去，很快就有成千上万的网民关注，并给出答案。结合答案，再让孩子想一想，说不定就能柳暗花明，这不仅可以提高孩子的思维能力，还可以打开他们的解题思路。

不过，在此过程中，妈妈要教孩子学会别人的思考方式，多注重与他人的思维互动，同时也要鼓励孩子要有自己的观点，不要只关注结果。

3. 利用协议进行约束

对于过于依赖网络的孩子而言，妈妈的催促往往难以发挥作用。对此，妈妈不妨和孩子签订一份合理使用网络的协议，以起到监督、约束孩子的作用，比如下面这份协议。

合理使用网络的协议

甲方：

乙方：

本着提高作业质量的目的，甲乙双方特签订以下协议。

甲方的权利和义务：

辅助乙方完成作业，并监督乙方合理使用网络。

乙方的权利和义务。

使用网络须跟甲方打招呼。

在完成作业之后才能使用网络。

做作业过程中遇到难题要去翻课本。

对于老师批改完毕的作业，乙方可以通过网络进行知识扩展。

不偷懒、不遗漏题目

我国教育家叶圣陶先生说过这样一段话:"凡是好的态度和方法,都要使它成为习惯,只有熟练得成了习惯,好的态度才能随时随地表现,好的方法才能随时随地运用,好像出于本能,一辈子受用不尽。"

这句话点明了态度与方法是培养良好习惯的重要着力点。拿作业来说,很多孩子之所以没有形成良好的做作业习惯,多与做作业的态度有着直接关系。在不少孩子看来,作业是老师施加给自己的额外负担,是为了应付家长不得不完成的任务。这种错误的认知导致孩子做作业缺乏积极性,能偷工减料绝不精耕细作。

> 一位妈妈就反映了这样一个问题。孩子自升入小学以来,做作业一直比较慢,但最近却一天比一天快。妈妈觉得有点儿奇怪,便查看了孩子的作业,结果发现孩子的每一科作业都有遗漏的题目,自己给自己减了作业量!妈妈生气地质问孩子为

> 什么要偷懒，没想到孩子却笑嘻嘻地说："最近老师抽查，不会被抽到的！"妈妈严肃地对孩子说："你怎么可以抱着这种侥幸心理，糊弄自己和老师呢？"最终，孩子不情愿地补上了遗漏的作业。

一般来说，孩子故意遗漏作业主要是孩子贪玩的天性在作怪。孩子天性爱玩，缺乏自控力，如果家长或老师对其管教稍有放松，他们就容易出现偷懒、健忘等行为。

结合案例来看，如果老师采取了抽查作业的方式，孩子便会在侥幸心理的作用下偷工减料。或许，孩子还会为自己的小聪明沾沾自喜，但事实上，他们在糊弄老师的同时也欺骗了自己，长此以往，他们就会变得越来越懒散，越来越排斥写作业。

那么，面对孩子偷懒、故意遗漏作业的行为，妈妈该如何进行引导呢？

1. 告诉孩子写作业的重要性

妈妈应明确告诉孩子做作业是复习、巩固知识的重要手段，委婉地告诉孩子，如果不好好写作业，学习成绩就会落后于别人，让孩子重视自己与作业之间的关系。之后，妈妈要求孩子必须把遗漏的作业补上，哪怕孩子不情愿，妈妈也要坚持。在孩子把遗漏的作业补完之后，妈妈还可以探究一下孩子遗漏作业的深层原因。比如，如果作业有难度，妈妈可就孩子不懂的内容给孩子讲解；如果作业量比较大，妈妈则可以告诉孩子，可以按照写20分钟，休息10分钟的方式去完成作业。在找到问题原因后，相信孩子一定能有所改正。

2. 设置作业自查表格

如果孩子写作业经常出现遗漏的情况，妈妈可以为孩子设置一张自查表格，让孩子进行自查自检。

作业时间	数量	作业起止时间	检查结果
周三	数学：6道题 语文：20个生字词抄写三遍 英语：10个单词写8遍	6：00—6：40	完成

这样的表格起到了备忘录的作用。在孩子写完作业后，家长可就作业数量进行核对，如果孩子连续一周都表现不错，家长应及时给予孩子鼓励和肯定。

最后，家长还可以把孩子在写作业过程中暴露出的问题反馈给老师，请求老师多关注孩子的作业情况，在双方的合作、努力下，共同培养孩子认真做作业的好习惯。

利用好草稿纸

草稿纸在孩子做作业的过程中发挥着非常重要的作用。一般来说,草稿书写马虎的孩子往往做作业的习惯也不太好;草稿书写得比较凌乱的孩子则缺乏思维的连贯和条理性;而在草稿纸上乱涂乱画的孩子,他们大多精神涣散,毫无思路。

因此,一定程度上,妈妈可以通过查看孩子打草稿的情况来了解孩子的作业情况。而不少家长却忽视了这小小的一张草稿纸,也没有引导孩子用好草稿纸,以至于孩子写完作业后,草稿要么乱糟糟的一片,要么只写了一点,作业质量可想而知。

在谈到草稿纸的应用时,一位教学经验丰富的老师这样说道:"在平时的学习中,很多学生不太重视草稿的作用,一味地通过大脑思考,结果可能刚有一点儿思路,一提笔又忘记了。而如果先花点儿时间在草稿纸上列一列自己的思路或者想法,就能顺藤摸瓜找到整个解题的思路,最终得到正确答案。"

因此,妈妈教孩子写作业时利用好草稿纸,不仅可以提高孩子的做题效率，还有助于他们养成良好的做作业习惯。

那么，孩子该如何打草稿呢？

1. 为孩子选择合适的草稿纸

一般来说，只要纸张能满足孩子的书写要求，不影响他们的学习活动即可。因此，妈妈在为孩子选择草稿纸时，应选择那些平整、不易皱、不易破的纸张。还可以将孩子用过的剩余纸张重新装订，变成一本草稿本。需要注意的是，草稿纸不应五颜六色，以免分散孩子的注意力。

2. 注意使用方法

孩子在写作业时，应为每一门学科各准备一本草稿本，方便孩子连续使用，更便于知识的整理。妈妈还要教给孩子一些使用草稿本的方法，比如为了让草稿更加有条理，草稿纸上要有简单的区分，孩子可以用笔画一道分割线或者暗格折叠，用完一格再用另一格，书写时写清思路或步骤，字迹不需要太工整，但必须要保证思路清晰。再比如，孩子使用草稿时应该注意写清题号，以便于查找。书写时可按照从左到右或从上到下的顺序进行，不要想到哪就写到哪，以免粗心出错或者草稿纸最后变成迷宫，难以找到答案。

3. 草稿纸的处理

妈妈要指导孩子将用过的草稿本保留起来，使其成为学习中的一种资源。一段时间之后拿出来翻阅，孩子不仅可以查找到自己思考问题的轨迹，还可以发现自己的成长与缺陷。

写作业时用好草稿本，不仅能帮助孩子出色地完成每一道作业题，还能快速地找到自己出错的地方，这比他们重新打草稿做一遍要节省时间。

第四章

教授方法,让孩子轻松、高效地写作业

谈到辅导孩子写作业,很多妈妈首先想到的是如何帮孩子解答疑难问题。其实,真正的辅导是,妈妈要教给孩子写作业的方法,让孩子明白如何做才能更高效地完成作业。

做作业的四个步骤

我们都有过这样的体会：如果事先对某件事做好规划，按照一定的步骤进行，往往会取得事半功倍的效果，反之，则会手忙脚乱。对于孩子写作业这件事来说，也是如此，如果孩子不了解写作业的步骤，写起作业来不仅效率不高，还会显得非常混乱。比如，有的孩子在第一道题目中刚写了几步，就开始做第五道题，第五道题目还没写几行，又转而做第二道题。这样"跑来跑去"，不仅耽误了很多时间，还可能会出现遗漏的情况。所以，妈妈在指导孩子做作业时一定要按照一定的步骤进行。

1. 准备

准备分三部分，一是生理准备，比如让孩子上厕所；二是物品准备，比如将学习用品都准备好；三是知识准备，家长可让孩子准备一张草稿纸，然后让孩子将一天所学的重点简洁地写在纸上，回忆不起来的可翻书查看。这个步骤是让孩子再次回忆、熟悉所学内容。之后，妈妈可要求孩子先浏览一下作业内容，对于孩子作业中出现的疑难问题，妈妈再对孩子进行适当的点拨，以此削减孩子的畏难情绪。

2. 审题

老师经常会给孩子布置一些课后练习题作为作业，对于此类作业，妈妈一定要让孩子先仔细读一读题目，看看题目已知条件和未知条件，以及限制因素和隐性条件，之后再动脑解答。

以数学为例，要注意题目中的特定语言，避免混淆。比如，题目中说"增加了"与"增加到"是两种完全不同的概念，妈妈可让孩子用笔标记出来，帮助自己辨别，以免因理解错误而做错题。

3. 做题

在孩子审完题目后，可以让孩子把解题思路简单地写一写。比如在解答数学题目的时候，可以将用到的公式或者草图在草稿纸上列一列，以帮自己理清思路。之后，要求孩子独立完成作业，并做到解题步骤清晰、书写规范，认真解答。

4. 检查

在完成上述步骤后，妈妈还要督促孩子检查作业。检查作业时，要求孩子从三个方面入手，一看作业是否有遗漏，二查作业是否有错误，三看是否有更好的方法。比如，此题还有没有其他解法，哪种解法更加简洁？这道题目主要考察的知识点是什么？条件和问题能不能互换？当妈妈要求孩子进行检查时，可能很多孩子会很不情愿，觉得这是妈妈应该干的事情，让妈妈去"收尾"就可以了。妈妈应让孩子明白，学习是自己的事，妈妈是在帮助孩子检查，而非自己的"分内之事"，所以孩子必须首先学会细心、专心地自我检查作业。

在完成这四个步骤后，孩子才能完整地做完作业。刚开始，妈妈可将四个步骤拆开，要求孩子做好每一步，并且给予孩子一定的指导。让孩子按照这样的步骤有条不紊、仔仔细细地写作业。

写作业由易到难

一般来说,孩子的作业都有一定的难易搭配。所以,为了调动孩子做作业的积极性,妈妈要引导孩子合理地安排做作业的顺序,让他们由易到难,当遇到难题时,鼓励孩子大胆地绕过去,才是做作业的上策。

为什么这么说呢?如果妈妈仔细观察就会发现,很多孩子,特别是追求完美的孩子,正是因为没有把握好做作业的顺序,而出现做作业时快时慢的现象:遇到简单的题目,做起来很快;可如果遇到难题,很多孩子便会抓着难题不放,最后苦思冥想了好几个小时,依然没有找到答案,结果导致剩余的作业也没有完成。

因此,在写作业的过程中,让孩子学会跳过难题,先做简单的题目,是非常有必要的。

研究表明,做事由易到难的顺序更加符合儿童身心健康的发展。如果孩子一开始就做一些难题或者抓着一个难题不松手,他们往往就会产生厌烦心理,挫伤自身的积极性。但如果由简单过渡到复杂，他们不仅不会排斥，还会觉得此事具有挑战性，从而激发不断探索的欲望。

具体来说，妈妈可按照下述方式进行指导。

1. 提醒孩子不要因小失大

虽然面对难题时孩子表现出来的不轻言放弃的决心值得肯定，但是妈妈更应该让孩子认识到作业是一个整体，不仅仅是一道题目，所有的题目解答完才算完成作业。因此，不能因小失大。妈妈应该让孩子明白，跳过难题其实是一种更加聪明的写作业方式，因为没准接下来的题目能给孩子带来一些提示，从而找到解答思路。另外，妈妈应该让孩子明白，跳过难题起码能保障绝大部分作业是可以完成的，之后再回过头一一攻克难题，这种方式是保质保量完成作业的一个基础。

2. 给难题做标记

为了防止孩子漏掉难题，妈妈要提醒孩子用符号在难题上做好标记，并且提醒孩子跳过难题之后就要专心写后面的作业，不要再继续想着前面的难题，以免混淆思路，影响接下来的作业。不过，需要注意的是，妈妈应告诉孩子难题应控制在五道以内，如果孩子从头到尾都将题目标记成"难题"，则代表孩子对知识掌握得还不深，需要再复习几遍。

做作业用好时间转化

不少孩子在做作业时常常陷入"我有多少时间,就写多长时间的作业"的怪圈之中。心理学将这种行为称为帕金森定律。

英国历史学家、政治学家诺斯科特·帕金森经过多年调查研究发现,一个人完成一件事所耗费的时间差别如此之大:一个人可以花5分钟的时间阅读完一份报纸,也可以看半个小时;一个忙于工作的人只需10分钟就可以寄出一封信件,而一个家庭主妇做这一件事却可以花费一天的时间……

以孩子写作业为例,本来20分钟就可以写完的作业,孩子往往磨磨蹭蹭地写一个小时,以至于效率越来越低下,并且浪费了休息的时间。

我们知道,效率会随着时间的延长而逐渐下降。因此,一旦孩子做了很长时间的作业后,他们就难以再全身心地投入到写作业的状态中,作业质量可想而知。此时,妈妈要告诉孩子一些利用时间的妙招,对孩子进行心理减压是非常必要的。

具体来说，妈妈可以按照下述方式进行尝试。

1. 具体到每一分钟

妈妈可给孩子限定一定的作业时间，这样做，不仅可以令孩子更加专心地投入到做作业中，提高做作业的效率还可以培养孩子的考试能力。很多孩子适应不了考试的紧张气氛和快节奏，与他们平时做作业缺乏时间和效率概念有直接关系。

妈妈在给孩子限定作业时间时，要注意由整点具体到每一分钟。比如，很多妈妈将孩子的学习时间定为6点到9点，但这样的整点时间段，对于缺乏时间观念或者不能自律的孩子来说，会在他们的头脑中形成"6点左右到9点左右"的大约观念。所以，就算到了6点，孩子可能还是无法专注写作业。但如果妈妈将时间定为5点50分到8点45分这样的精确时间段，对于孩子来说，他们会将着眼点由"时"集中到"分"，从而更快地进入到写作业的状态。

2. 将任务量化

随着作业时间的延长，孩子的小动作也随之多了起来，一会儿去厕所，一会儿抓耳挠腮，一会儿盯着钟表。此时，如果妈妈对孩子说"坚持一会儿，再做30分钟"，孩子可能会更加心不在焉，此时，写作业对于他们来说已经变成了一种折磨，他们不得不消磨时间。该怎么办呢？妈妈不妨用"数量"代替"时间"，即对孩子说"再做5道题"而非"再做30分钟"。这样，就大大减轻了孩子的心理压力,对于孩子来说,做5道题目远比忍耐30分钟要容易得多,虽然这五道题目也可能耗时30分钟,但是孩子的关注点发生了转移,从消极对抗变为积极配合。

3. 化整为零

"化整为零"是帮孩子减压的有效方式之一,比如,孩子需要完成35个汉字,到了入睡时间,孩子却没有写完。此时,为了鼓励孩子,妈妈可给孩子打气说:"还有30分钟就到入睡时间了,这么看来,你一分钟写一个字就差不多了!一点儿也不耽误。"

孩子本来因为数量太多而心理状态不稳定,听了妈妈的说法后,心理负担自然会减轻很多。

"心理换算"的妙处在于妈妈在表达同样的要求时,只需稍微改变一下说法,就会给孩子减轻很大的心理负担,提高孩子做作业的积极性。时间长了,孩子学会了妈妈的方法,做作业的效率会越来越高。

引导孩子写"作业总结"

谈起作业,一位妈妈讲述了自己的困惑:"我女儿今年10岁,平时学习很努力,回家第一件事就是认认真真地完成老师布置的作业。按理说,学习这么认真,考试也应该取得好成绩,可她的学习成绩并不理想。"

带着疑惑,家长找到老师,经过一番沟通后才了解到,原来,老师布置的作业一般都是课后题,这些题目与老师当天所讲的内容有着紧密的联系,尤其是数学这门科目,课后题只是把例题中的数字换了一下而已,孩子不用思考也能做出来。可是,考试时题目都是经过变化的,这样孩子就不能再继续照搬照抄,自然成绩就落后了。如何才能将作业与孩子的考试进行有效的衔接,让孩子的作业起到巩固、练习,并最终提高孩子成绩的作用呢?

很多孩子像案例中的女孩一样,作业题很少出错,可考试时就是得不了高分。归根结底,这是孩子不能活学活用的缘故,孩子在平时仅仅满足于完成作业,却没有对题目进行深入的研究,结果,虽然作业做得又快又好，但没有起到应有的作用。

其实，要想解决这个问题，妈妈不妨指导孩子在做完作业后写一写"作业总结"。通过总结，既能帮助孩子了解作业完成的情况，又能引导孩子对作业进行深入的思考，这样，就能使孩子以更加负责的心态去面对作业，避免不懂装懂、敷衍应付的行为。那么，妈妈该如何进行指导呢？

1. 作业总结无须写得太复杂

对于小学阶段的孩子而言，他们的作业量并不算多，难度也较为适中。因此，妈妈无须要求孩子将作业总结写得太复杂。另外，如果写作业总结比写作业还困难，孩子多半就会因为无法承受这样的"额外任务"而产生抗拒心理，最后可能会适得其反。

因此，妈妈应结合孩子的作业内容和年龄大小来要求孩子写总结。需要提醒的是，如果孩子的作业量特别多，那么总结也可以不必当天完成，妈妈可让孩子在第二天抽时间完成。

2. 结合表格进行总结

在孩子刚开始写作业总结的时候，妈妈可给孩子列一个表格，让孩子认真地填一下表格。比如：

作业的内容	孩子完成的程度	每道题的解答情况	难题	检查情况	作业所用时间

这样，孩子就能慢慢明白，作业总结需要说明哪些作业问题。

3. 作业总结的形式可多样化

作业总结的目的是让孩子了解自己做作业的情况，所以，妈妈没必要非要让孩子动笔写下来。对一些较为简单的作业，妈妈可让孩子说一说，而对那些容易出错或者比较难的题目，妈妈则应让孩子将解法和注意的问题写下来，做一个全面的总结。

最后，在孩子写完作业总结后，妈妈还可以结合孩子做作业的情况，给孩子写一个作业评价。比如，孩子在做作业的过程中，优点和不足各是什么。提醒孩子好的地方要继续坚持，不好的地方则要改正，督促孩子更好地完成作业。

做作业也要注意休息

作为身体新陈代谢最活跃的器官,大脑对氧气的需求量非常大,大约占到了全身氧气消耗量的25%。当人进行紧张、繁重的脑力劳动时,大脑皮层一直处于兴奋状态,对氧气的需求量也急剧增长。如果大脑长时间得不到休息,人全身的血液循环就会减慢,从而大脑的血液量也会减少,导致学习效率降低。此时,人生理上会出现动作迟钝、不协调等表现;而心理方面则会表现为思维迟钝、反应速度下降等。

因此,妈妈一定要注意教会孩子合理地安排学习与休息的时间,注意两者相互交替,这样才会事半功倍。那么,怎样做到劳逸结合呢?

1. 合理安排学习和休息的时间比

孩子的作业时间与休息时间应该遵循一定的比例。如果休息时间太长,则会破坏学习的连贯性;反之,则起不到休息该有的作用。而写作业时间过长，则会造成注意力不集中，影响学习效率；太短则不能使孩子进入良好的学习状态。

心理学研究发现，通常情况下，休息与学习的最佳时间比为1∶4。也就是说，孩子每学习40分钟，休息10分钟最为合适。另外，如果孩子作业量实在太大，则可在孩子连续休息两次后，再给孩子安排一次较长时间的休息，这有助于提高做作业的效率。

2. 休息时注意大小脑相结合

人脑分为大脑与小脑两个主要部分，大脑负责记忆与思考，小脑则负责运动。孩子在做作业时，主要启动的是大脑功能，在经过长时间的学习后，大脑已经倍感疲惫，此时不宜再继续进行智力方面的活动。若此时，妈妈与孩子进行一些体育活动，就能使孩子的大脑获得更多的氧气，从而得到更充分的休息。比如在孩子写作业感到疲劳时，让孩子离开座位，到处走动一下。

3. 正确利用生物钟

妈妈可根据孩子的生物钟来安排孩子的学习与休息。比如孩子吃完饭后精力比较集中，那么，妈妈则要让孩子先做作业，再玩耍。需要注意的是，当孩子的生物钟出现混乱时，妈妈要注意及时地调整。比如很多孩子喜欢回家后先玩耍，再写作业，对于这样的孩子，妈妈要逐渐将孩子做作业的时间往前移，督促孩子按时完成作业并按时休息。

最后，妈妈还需将孩子写作业与休息的时间固定下来，使孩子在做作业的时候可以自然地调动大脑机能，集中精神投入到学习中，休息时则能完全放松下来。实践证明，孩子写作业时做到劳逸结合，远比一直学习效率要高。

把作业当成一次小考

一位妈妈分享过这样的经验:"我家孩子自上学以来,我一直没有刻意关注孩子的作业情况,觉得孩子作业出点错,反而能更好地提醒她找到自己学习中的薄弱点,但我高估了孩子的自觉性。一次,老师找我谈话,向我反映孩子的作业错误百出,让我在家督促一下。此时,我才意识到问题的严重性,可能孩子做作业没有经过深入的思考或者基础掌握得不扎实,所以才出现了这样的问题。在与孩子交谈后,我开始关注她的作业问题,叮嘱她要把作业当作考试看待,认真动脑思考,追求正确率的同时也要控制好时间,渐渐地,孩子做起作业来认真多了,错误也少了很多。"

这位妈妈为我们提供了新颖的辅导方式,即让孩子把作业当考试来看待。每天令孩子习以为常的作业,他们往往缺少这样的严肃态度,容易敷衍应付。另外,很多孩子平时做作业时习惯一边翻书一边写作业,对于哪些知识掌握了。哪些没有掌握完全不了解,而且翻书写作业还会延长孩子的作业时间,让孩子变得懒于记忆和分析。而采用考试的方式，将考试的紧迫感代入到作业中，不仅可以让孩子发现自己的不足，强化对知识的理解，提高做作业的效率，还可以培养孩子专心写作业的好习惯。具体来说，妈妈可按下述步骤进行操作。

1. 做好准备工作

妈妈可以和孩子进行角色扮演，妈妈扮演监考官的角色，孩子扮演考生，需要认真答题。写作业前，妈妈可以给孩子营造一个安静、轻松的环境，可以把考试规则告诉孩子。比如，考试的时候不可以翻书，闹钟响后要收走作业以及相应的打分规则等。在通知孩子做准备时，妈妈的态度要严肃认真一些，不要让孩子觉得妈妈在开玩笑。

2. 测定做一次作业需要多长时间

既然是考试型作业，那么，孩子就要在一定的时间内完成作业。那么，该怎么规定时间呢？妈妈可以让孩子在做作业之前，记录一下自己在注意力最集中的前15分钟可以做多少道题目或者写多少个汉字，然后根据这个速度，估算一下完成此次作业大概需要的时间。这样，孩子就有了一个做作业的起止时间，也就有了目标，从而促使他们更加集中精力地完成作业。

3. 要求孩子既保证作业速度又保证质量

家长要督促孩子抓好质量与速度，不能为了尽快完成作业而敷衍了事，可对孩子的作业质量提出一定的要求，比如，正确率需达到90%。另外，在孩子准备交卷之前，妈妈要提醒孩子，检查一遍作业，查看有无错题或者漏题，叮嘱孩子及时地弥补。

4. 给孩子的作业打打分

在孩子交卷后，家长可就孩子的作业问题打一打分数，及时地找出孩子作业中存在的问题，并督促孩子改正作业中的错题。

最后，需要注意的一点是，考试型作业是为了提高孩子做作业的效率，并引起孩子对作业的足够重视，而非是一种吓唬孩子的手段。所以，妈妈不能用"再不好好写作业，我就让你考试了！"这样的语言来威胁孩子，否则只能背道而驰。

第五章

自查自检,指导孩子做完作业要检查

很多孩子将写作业视为一件为了应付老师和妈妈而不得不去做的任务,所以往往"只管写不管对",写完后要么借机开溜,要么把检查作业的任务交给妈妈。其实,妈妈应该让孩子明白,写完作业不等于完成作业,检查也是做好作业的重要一环。检查作业不仅可以提高孩子作业的正确率,还可以培养孩子自我检查、修正以及独立的好习惯。

孩子为什么不爱检查作业

提起检查作业，不少妈妈都遇到过这样的情景。妈妈对做完作业准备出去玩的孩子说："你检查完作业了吗？"孩子要么不耐烦地回答："检查完了！"要么就用敷衍的态度对妈妈说："我都检查了，没有错误！"回答完毕后，还来不及再问其他问题，一眨眼就没了人影。

有这样表现的孩子大多认为"作业写完就万事大吉"，在他们看来检查作业是一种浪费时间的事儿，所以逃避检查作业。对此，妈妈不禁感叹："仔细检查一遍，不仅可以避免漏做，还可以提高正确率。检查太重要了，为什么孩子就不能认真地检查一下作业呢？"

其实，孩子逃避检查作业的背后也有一定的原因，妈妈要想让孩子养成主动检查作业的好习惯，首先需要了解一下孩子为什么排斥检查作业。

1. 觉得检查作业太浪费时间

不少孩子存在这样的想法：写作业已经花了不少时间，如果再检查一遍，那无形中又延长了做作业的时间，反正第二天老师会给批阅，所以自己就没必要检查了。这种想法体现了孩子认知的狭隘性，也说明孩子没有意识到检查作业的重要性。

因此，妈妈要先帮助孩子明确检查的目的是什么，可结合生活中的生动案例，让孩子明确检查并不是做无用功，而是帮助自己查漏补缺，改正错误。比如，填写资料时，要反复检查，以免写错信息造成麻烦。再比如，如果上学前不检查一下书本是否带齐，就会影响到听课效果……

枯燥的检查转化为生活案例，使孩子感受到检查与生活和学习息息相关。这样，孩子就能明确检查的目的，感受到检查的好处，从而激发自觉检查的积极性。

2. 依赖妈妈帮自己检查

很多孩子之所以不想检查作业，是因为妈妈太过于尽职尽责，替孩子做了他们该做的。这使孩子形成了这样的错误认识：我只负责写完，反正有妈妈帮我检查。

想要改变孩子的这种错误观点，妈妈可与孩子一同检查。比如，在给孩子讲解"一个被减数减去8，差是3，这个被减数是几"这道题目时，可让孩子事先想一想自己错在哪里，然后再问一下孩子:"接下来,你会怎么改正这道题目?"孩子可能会说"被减数=差+减数"。最后问一下孩子该怎么检查,比如,孩子可能会说,被减数-减数,算出来的得数与题中已知得数一样,那就代表计算正确。

"授人以鱼不如授人以渔",妈妈在给孩子检查作业的过程中,结合题目介绍一下检查方法,就能帮孩子拨开检查的迷雾,最终学会自查自检。

3. 不知道该检查什么

有的孩子比较自信,认为自己做的都是正确的,所以不愿意去检查;有的孩子则是扫几眼,敷衍了事,自然发现不了错误,也就觉得检查没有用处。更多的孩子是不知道该具体检查什么,好像看什么都没有错。

对于这样的情况,妈妈要告诉孩子哪些内容才是他们检查的重点,这样,在孩子了解后,就不会再一看而过了。

4. 为了避免发现错误而不去检查

还有一部分孩子抱着掩耳盗铃的心态拒绝检查,在他们看来,辛辛苦苦地把作业写完,如果再检查出错误,还得重新把题目做一遍,所以只要不检查,就避免了发现错误而导致的重做。

对于这种错误的思想,妈妈应该告诉孩子,错误是客观存在的,并不会因为漠视而消失,如果不主动检查和改正,错误将永远存在，只有自己主动去发现错误，并想办法改正错误，才会对知识印象深刻，才能在改正的过程中更好地掌握知识，并牢牢地记住，下次才不会再犯。

教孩子自查自检

不少孩子在完成作业后,往往把作业本一扔,让妈妈帮自己检查和订正。如果妈妈要求孩子自查自检,孩子在草草看过后便对妈妈说:"我看完了,妈妈您再帮我看一遍吧!"

面对这样的情况,妈妈不能有求必应,否则只会使孩子失去思考力,形成依赖妈妈的不良习惯。

我们应该认识到帮助孩子检查作业只是阶段性行为,因为随着知识难度的增加,我们一直帮孩子检查作业是不现实的。"授人以鱼不如授人以渔",我们在辅导孩子做作业的过程中不应大包大揽或放任不管,而应该着眼于培养孩子对学习的责任感,重点在于教孩子掌握方法,强化孩子的自我管理,而非使孩子失去自主性。

因此,妈妈在为孩子检查作业之前,首先应该明确目标——让孩子养成自我检查、独立思考的好习惯。之后,可按照下述几点,逐步教孩子学会自己检查作业。

1. 从审题入手

很多孩子正是因为看错了题目才得出了错误的答案，比如小数点点错，或者写错符号，从而得到错误的答案。还有的孩子没有看清所求，就急于解答，等做完之后才发现，自己的解答与题目要求毫不相干，结果自然做了无用功。

因此，我们在督促孩子检查作业时，一定要让孩子从审题入手，将题目再读几遍，用笔标记关键字眼，并将题目中的数量关系在草稿纸上列出来，必要时重新做一下题目，以确保解答无误。

2. 缩小检查的范围

如果妈妈发现孩子的作业10道题中做错了2道，此时，妈妈让孩子检查出错题，他可能会产生畏难情绪，检查的积极性也不高。因此，刚开始时，为了摆脱孩子对妈妈的依赖，养成自己检查的好习惯，妈妈可将孩子检查的范围缩小。比如，先用铅笔圈出4道题目，告诉孩子其中有一道是错误的，然后让孩子找出来，这样在缩小范围后，孩子主动查找错误的积极性就会高很多。之后，再用同样的方式让孩子找出另一道错题。

3. 全面查找

妈妈可教孩子在检查时先从整体入手，看看有无漏做的题目，再从头到尾地进行检查。比如，孩子在检查数学作业时，可以重新计算一次，看两次答案是否一致。而检查语文作业时，妈妈则应让孩子从字词、标点入手，看看有无错别字，符号、格式有无错误……需要注意的是，妈妈在让孩子检查时，不要因为小错就轻易放过，像标点符号这样的小错误也要让孩子进行改正，以免形成习惯，将来影响考试成绩。

为了辅助孩子更好地检查作业，妈妈还可以教孩子列一列这样的表格，方便孩子全面地检查自己的遗漏、错误之处。

科目	审题有无错误	是否理解题目要求	有无遗漏作业	答案是否正确	是否注意格式问题	书写是否正确（含标点及格式）	总结

在上述方法取得一定成效后，妈妈和孩子一定要坚持贯彻下去。肯定孩子进步的同时，妈妈也要放手让孩子自己检查，让孩子在自查的过程中不断地建立起学习的信心。此外，妈妈应该明白：培养孩子学习的自觉性，让孩子承担起自己检查、反思的责任，远比要他改掉某个错题要重要得多。

指导孩子着重检查作业的几个重点

不少妈妈发现,在让孩子独自检查作业时,对于非常明显的错误,孩子花半个小时也难以看出来,最后不得不泄气地告诉孩子答案。

那么,为什么孩子检查作业时难以发现作业中的错误呢?

一般来说,主要有两个原因:首先,孩子没有检查作业的压力,不对结果负责,很多时候浏览一遍就算"交差"了,因为在孩子看来,妈妈和老师迟早会帮助自己纠错,对此,妈妈可以给孩子提出一定的要求加以督促。比如错别字控制在多少个以内,或者正确率达到多少;其次,孩子还没有找到检查的方法,不知该从何处着手检查。对于这一点,妈妈不妨让孩子从以下几个方面着手进行检查。

1. 重点检查自己容易出错的地方

妈妈在教孩子检查作业时,应该侧重检查自己平时容易出错的地方。一般来说，对于自己的易错点，孩子都会心中有数。比如，有的孩子容易粗心写错小数点，有的孩子容易出现错别字，有的孩子书写单词时容易串行等。对于这些孩子容易疏忽的地方，妈妈应让孩子从头到尾检查几遍，以减少出错率。

2. 重点检查疑点

孩子做作业时并非一帆风顺，总会碰到一些有疑问的地方：比如在填写成语"（　）然一新时"，孩子拿不准是否用"换"字，那么写完之后，孩子就需要借助工具书查明白"换"与"焕"所表达的意思，了解成语的含义；再比如孩子在检查时发现自己求得楼高8000米，此时，孩子可能会问妈妈有没有高8000米的楼，此时，妈妈在告诉孩子结果不合理后，还应督促孩子对此题目进行重点检查，看审题或者步骤有无错误，在孩子找出错误后，应让孩子尽快改正，使答案符合计算要求。

3. 重点检查难点

对于这样的题目，孩子在检查时应该多加重视，多做几遍，以确保得出准确答案。孩子如果实在不会，向妈妈请教，妈妈也不要直接告诉孩子解题方法，可根据原题，编一个例题，与孩子共同进行讨论和分析，在弄懂例题后，再让孩子着手去解决原题，如果孩子仍然不会做，则可与孩子继续回到例题的讨论上。这个过程看似麻烦，但是只要妈妈耐心引导，就能训练孩子举一反三的能力。

提醒孩子，检查时要用心

铭铭刚上四年级，是一个贪玩的孩子。每次妈妈让他检查作业，他都装作很认真的样子，比如每检查完一道题目，他就在题后画一个"√"，往往只用三五分钟，他就告诉妈妈自己检查完了。妈妈再给铭铭检查一遍后，发现他很多明显的问题都没有检查出来，完全就是糊弄了事。

日常生活中，很多孩子都像铭铭一样，检查作业时，本着求快的态度，一目十行不说，还会故意遗漏不少细节。可想而知，这样的检查是毫无意义的。因此，在孩子检查作业前，妈妈应提醒孩子要认真、用心，本着少而精的标准指导孩子检查作业。

1. 检查前摆正态度

在孩子开始检查作业前，妈妈应先让孩子摆正心态，让孩子用对待新作业的态度去检查已经完成的作业。有了这样的心态后，孩子就会突破原有的解题思路，或许就能从其他角度思考问题，注意到原来没有注意到的问题,从而纠正某些错误。

2. 不放过任何一个细节

指导孩子注意、关注作业中的细枝末节。比如,在书写英文字母时有没有串行,写汉字时有没有遗漏笔画,书写数学符号时有没有写错。从这些细节入手,就能避免因小失大。

3. 对有把握的地方也要认真

对一些简单的题目或者熟题,很多孩子认为自己一定不会在这些题目上出错,所以也就一扫而过。但很多时候,正是这些被孩子疏忽遗漏的地方,隐藏着很多让人不易察觉的问题。因此,面对有把握的题目,妈妈也要提醒孩子认真检查,不能遗漏。虽然只有以认真为基础的检查才是有效的,但是妈妈还需提醒孩子,避免过犹不及的问题。

检查要用心,不要违反上文所说的几个重点就可以了。另外,对于那些容易出错的地方,妈妈需叮嘱孩子多看几遍、多演算几遍。而对于自己有信心做对的地方,只要认真地读几遍就可以了。如果出现错误,要及时改正。最后,孩子还需要合理地分配检查作业的时间,争取在检查的过程中不要有遗漏,也不要因重复检查而浪费时间。

妈妈帮孩子检查作业的四个原则

检查作业是妈妈辅导孩子写好作业的一部分,家长通过检查孩子的作业,可以起到良好的示范作用,使孩子学习到正确的检查方法,高质量地完成作业。

另外,如果家长方法得当,还会激发孩子的学习意愿,使孩子做作业进入被表扬—高兴—产生做得更好的意愿—做得更好—被表扬或者被纠正—改错—不再犯错—成绩提高—乐于学习的良性循环中。

然而,不少妈妈在帮孩子检查作业时,往往关注得过于片面,不仅使检查失去了应有的作用,还误导了孩子,使孩子难以掌握正确的检查方法,变得越来越依赖妈妈。比如,妈妈在检查孩子的作业时,不注重启发和引导,只会就题论题,结果孩子学不会举一反三。再比如,妈妈过度关注孩子做题结果的对错,而不关注孩子的解题方法和思路,孩子一旦写错就批评、指责孩子,结果孩子的思维受到了限制,解答时往往忽略步骤或者思路不清。

这些不正确的做法会给孩子的学习埋下了隐患,结果可能会导致孩子缺乏一定的应变能力,严重者甚至会失去学习的动力,不想再完成作业任务。因此,妈妈在检查孩子的作业时,一定要掌握一定的原则,这样才能使检查起到良好的带动作用。

1. 年级不同,检查方法也不同

对于孩子而言,检查的能力是需要后天培养的,所以妈妈可按照孩子年级的不同采用不同的方式来引导孩子。

对于一二年级的孩子来说,妈妈引导的重点在于培养孩子良好的做作业习惯,因此,可从孩子的书写规范度、计算步骤的完整性等方面入手。妈妈检查时,可对孩子说"我们一起检查作业吧",边检查边告诉孩子注意事项。检查过程中,先不要急于纠正孩子的错误,可用"这个对,这个也对,这个对不对呢?"让孩子自己发现错误。对于孩子没有发现的,妈妈可做补充,并要求孩子通过翻看课本或查阅工具书进行纠正。

对于三年级以上的孩子来说,家长检查作业的重点则应集中于孩子的解题思路和方法,对于作业中的细枝末节,则应叮嘱孩子自己主动发现、改正。

2. 从关键点入手

检查完后,妈妈可针对孩子出错的题目用符号进行标记,引导孩子自己去发现。比如,在有错别字的某一行后面画个问号,让孩子自己认真地找一找。再比如，对于检查出来的难题，孩子一时找不到解题方法，妈妈可告诉孩子解答的方向以及应用到的公式，一步步地引导孩子去尝试解答。另外，妈妈在引导时，应侧重于督促孩子抓好基础知识，以及问题的关键点，回答孩子的问题不应面面俱到，而应给孩子留一些思考的空间。

3. 发现孩子的亮点

家长在检查孩子的作业时切忌片面，也不要一味地盯着孩子的错题不放，而应从孩子的错题中看到孩子解答的精彩之处，辩证地对待孩子的解答。比如，孩子在解答某道题目时也许结果失误，但是解题方法以及步骤是正确的。再比如，孩子写某个词语时，出现了错别字，但是读音标记是正确的，妈妈应该抓住这些亮点，引导孩子在纠正的同时，继续保持。这样，才能促使孩子认识到自己的错误，内心更容易接受妈妈的教导。

4. 注重举一反三

检查孩子的作业时，妈妈应该多注重对孩子思维方面的启发。比如，通过检查发现，孩子在图形的周长计算方面容易出错，妈妈首先可以引导孩子结合课本重新看一下周长的推导公式，让孩子明白周长类题目的相关解法；然后让孩子由易到难解答几道相关题目；最后让孩子总结一下解题方法。只有立足错误，并不断督促孩子弄懂，才能将知识点扩展到面，最后带来学习上的提高。

此外，需要注意的是，妈妈在检查孩子的作业时可采用及时检查与抽查相结合的方式进行。及时检查就是利用每天的空余时间帮孩子检查作业。而对于高年级的孩子来说，家长可对孩子的作业进行抽查，以了解孩子的学习状况。

第六章

纠正错题,让孩子在错误中不断进步

孩子的作业中总会出现各种各样的错题,这是再正常不过的。但是,如果孩子不及时改正,就会一错再错。其实,孩子做错的题目反映了孩子学习过程中的知识漏洞,是最值得重视的一部分作业内容。妈妈在辅导孩子做作业时,指导孩子及时纠错、改错,孩子才能避免重复犯错,取得进步。

指导孩子建立错题本

孩子的作业中经常会出现各种错误,这些错误有可能是老师已经讲过了,而孩子没有听懂,所以才出错;有的则是在做过几次后,依然知其然不知其所以然,导致一错再错。因此,妈妈在指导孩子写作业时,可以让孩子将这些错题整理到错题本中,将知识点弄懂,并反复地翻阅、练习,就可以避免再犯错。

但是,有的孩子会认为,错误代表着自己的失败之处,而整理错题时还要面对这样的失败,从而产生抵触心理。孩子的这种想法属于人之常情,尤其是那些自尊心比较强的孩子,更不希望提及错误。因此,妈妈在指导孩子建立错题本之前,应首先告诉孩子错题本对自己学习的帮助。

首先,错题本相当于一个警钟的作用,对于那些忘性大、做作业马虎粗心的孩子而言能起到提醒的作用,让他们牢记自己的易错点,以避免一错再错;其次,错题本可以让孩子及时地发现自己知识体系中的薄弱点,进行有针对性的强化学习,从而扫清学习死角；再次，整理错题可以让孩子养成知错就改、自主学习的好习惯，时间长了，孩子不用妈妈催促也能自觉整理好错题，主动掌握知识，从而使学习进入良性循环。

1. 抄写、标注

首先妈妈需要让孩子打开作业本，将作业本中的错题一一摘抄到错题本上。哪怕有些题目不摘抄，孩子也需标记出自哪一页哪一道题目，之后将出错原因、正确的解答以及解答要注意的事项都写清楚，如下。

> 时间：
> 错题：
> 出错原因：
> 正解：
> 需要注意的问题：
> 摘自：第（　　）单元第（　　）页

2. 注重分析错因

如果只是摘抄题目，而不对错题进行分析、总结和反思，那么，孩子看到题目后仍然会一头雾水，不知为什么出错，对于解题思路往往也一无所知。所以，摘抄完错题后，孩子要做的第一件事就是分析出错的原因。比如，是计算步骤出现了错误还是公式用错了；是没有审好题目还是知识点掌握得不透彻……妈妈指导孩子将错误分析按照不同的类型做好分析，否则，找不准病因，纠正不了错误，只能白费时间。

3. 必要的补充与练习

在完成上述步骤后，孩子还需再次认真地解答一下该题目，如果解答无误，还应该找一些与之类似的题目进行巩固加强。如果解答这些题目完全不出错，则说明孩子已经掌握了该知识点；如果做补充题时出现了错误，则需要让孩子注意补充题与原题之间的区别，再找一找自己做错的原因，深入地把握知识点。

4. 尝试改编

改正错题的关键在于举一反三，而对错题进行改编不失为一种扩展孩子思维能力的有效方式。这一步骤对于孩子来说可能略有难度，妈妈可在一旁协助、指导。比如，将题目的已知和所求进行互换，对题目中的数量单位或者条件进行改编等。

孩子在整理错题的过程中，不仅对知识有了新的认识，同时还可以从错题中吸取教训，学会举一反三最终带动思维层次的提升。相信，只要孩子认真对待作业本中的每一个错误，孩子的学习就会越来越好，作业正确率也会得到大幅提升。

错题本记什么

一位高考状元在谈到错题本的使用经验时说,错题本不一定只记录错题,还应该包括易错题、难题等内容,这样才能全面地对知识进行梳理,使学习的重点更加突出,错题本使用起来也会更加高效。

那么,高考状元是如何记录错题的呢?妈妈在指导孩子整理错题的时候不妨借鉴下面几点内容。

1. 记不会做的题

对于这类题目,指导孩子重做1~2遍是十分必要的,如果孩子在做过几遍后仍然感觉对题目把握不准,就不妨将题目整理到错题本中,然后将其作为学习的重点,归纳和总结方法,补上知识漏洞,完善自己的知识体系。

2. 记不能进行知识迁移的题目

对孩子写作业的过程中遇到的没有真正掌握解题思路和技巧的题目也要记下来，慢慢地指导孩子找到解题的普遍方法。因为无论哪一类型的题目，都有一定的解题思路和方法，只要孩子能抓住该类题型的特点，就能解答出题目。因此，将这些不能解答出来的题目汇集到一起，指导孩子认真研究，就能带给孩子一定的感悟，培养孩子举一反三的能力。

3. 记模棱两可的题目

对于模棱两可的题目，孩子也需要记录下来，找到自己的欠缺之处。是概念混淆了还是公式用错了，是理解有误还是记忆有偏差，通过记录、分析，加强对概念和基础知识的训练和巩固，弄清每一个知识点，争取遇到此类题目不再出错。

4. 记会做的却做错了的题目

对于这部分题，很多孩子容易掉以轻心，想当然地认为只要下次注意就不会再犯这样低级的错误，但事与愿违，如果不记录下来，不提醒自己注意改正的话，此类题目依然容易出错。因此，孩子需找到问题的所在，并在错题本上写一写自己的心得和体会，避免下次再出错。

5. 记知识点、小结论

妈妈要提醒孩子,将老师讲到的一些重要知识点和小结论记录下来,时常翻看,平时做练习或考试时就能事半功倍。

6. 记典型例题

在错题本上记下那些典型的题目,并进行简单的分析,有助于帮助孩子打好基础。

最后,妈妈还可以提醒孩子记一记生题和那些令自己见了就方寸大乱的难题,提醒孩子平时多花一些精力,将此类题目弄懂,这样,做作业或考试时就可以提升做题的自信心,消除焦虑不安的情绪,从而更利于解答题目。

错题需做三遍

孩子的作业中总会出现一些屡做屡错的题目，面对这样的题目，不再是单单让孩子将其抄写到错题本中，改正答案这么简单，妈妈还需提醒孩子在不同的时间段，将错题做三遍，以达到牢固掌握的目的。

第一遍：老师讲解后

老师讲解完的题目，妈妈问孩子，孩子都会回答"明白了"，可孩子的"明白"程度却不尽相同。有的孩子能彻底理解老师的讲解，可以做到对知识融会贯通，即便再遇上同类题，孩子也有思路；而有的孩子则只是明白了一部分，如果问到某些细节，孩子可能还是一头雾水。因此，在老师讲评完毕后，妈妈提醒孩子趁热打铁，先将老师的解题过程口述一遍，然后再动笔做一做，就能测试出自己是否真正将题目掌握了，如果解答过程中还有失误，妈妈可结合题目再重点给孩子讲一讲。

第二遍：一周左右

孩子第二次做错题的时间可选在一周左右，因为第一次做的时候已经将题目弄明白了，所以这次可以在要求孩子解答正确的前提下提高做题的速度，以此测试孩子对知识的熟练度。在孩子做完后，看看与之前做的有没有什么不同，妈妈再根据题目向孩子提几个相关的问题，看看孩子是否对知识有了新的认识。

第三遍：15天后，要求正确率

经过前面两次的反复练习，孩子对于错题已经掌握得非常熟练，所以妈妈可将孩子近一段时间以来的错题总结到一起，然后考一考孩子。这样，孩子在做这些易错题时，哪些题目已经彻底掌握，哪些又有所欠缺，就会心中有数了。对于此次出错的题目，让孩子总结一下是知识点生疏，还是步骤没有写清楚，然后弄懂之后，再让孩子做一次，这样才能将题目彻底掌握。

最后，需要提醒妈妈注意的一点是，对于很多学习浮躁的孩子来说，他们做题时仅仅满足于结果正确，对题目的认识还不是很深。对此，妈妈要让孩子多关注细节，将解答题目的每一个步骤和过程都写清楚，这样不仅可以检验出孩子存在的问题，还有利于孩子进一步巩固所学知识。

如何使用错题本

对于错题本的应用,孩子往往会出现以下几种心态:

(1)有那么多新题目,收集错题没有什么用。

(2)作业就够多的了,改错真是个不小的负担。

(3)有了错题本之后,就再也不会犯错了。

孩子在建立错题本的初期,第一种心态比较常见。孩子不懂的是,新题目是由旧题目演变而来的,知识都是连贯的,解题思路也有共通之处。因此,从来不存在完完全全的新题目,要想稳扎稳打,以不变应万变,整理、改错是最有效的学习途径。

而对于第二种心态,虽然孩子总有理由拒绝改错,但是种种理由都可以归结到孩子的懒惰上。妈妈应让孩子明白,改错是一件节省时间的事,弄清每一道题目,再遇到之后就会少出错,从而避免继续改错,学习过程也会变得更加流畅。

第三种心态多来源于小女生,很多女生对错题本抱以高度期望,希望错题本可以帮自己彻底告别错题,她们的错题本也往往做得特别认真，上面布满了不同颜色的笔迹。但是，如果她们发现改错之后，尤其是遇到类似题目还会出错时，自信心便会大受打击，觉得错题本没用。其实，错题本只是改错的一种形式，最终还是以"会不会解题"为导向。妈妈在指导孩子时，应让孩子注意把握好改错的这个度。

其实，建立好错题本是第一步，错题本到底对孩子有没有用，到底该如何用，关键还要看孩子怎么去对待和把握。具体来说，妈妈在指导孩子用好错题本时，可以用以下几个方法。

1. 经常阅读

孩子建好"错题本"后，妈妈要提醒孩子隔三岔五地拿出来看一看，做一做，让孩子每隔一星期做个统计，看看孩子做错了多少题，有哪些知识点还没有掌握，让孩子在做的过程中将题目都弄懂，减少出错率。

2. 鼓励孩子与他人相互交流

孩子的基础不同，错题本的侧重点也不同。因此，妈妈要鼓励孩子多与其他同学交换错题本，从其他同学的记录中吸取教训，得到启发，从而获得更多的解题经验。

3. 考前重做错题

孩子不仅平时需要经常重做出错的题目，考前更应该再过一过

"错题本"。在做的时候，对一些做过好几次的题目，可就题目列一列基本的解题思路和算式，确保思路准确、清晰。对于那些经常出错的题目，则需好好地分析一下错因，弄清每一个步骤。这样，经过孩子坚持不断地努力，错题本中的错误就会越来越少，到考试时，自然不再容易出错。

4. 错题本与笔记相结合

孩子在看错题本的过程中，妈妈还要提醒孩子将错题本与课堂笔记进行结合，两者记录的都是精华部分，这样，孩子便可以"双管齐下"，从而对知识的理解也会更加深入和透彻。

5. 给每科都建立一个错题本

妈妈告诉孩子，最好给每一科都建立一个错题本。实践证明，如果每科都建立错题本，经常温故知新，持之以恒，孩子就会减轻偏科现象。

6. 进行综合扩展

对于那些因基础知识掌握不牢固而导致出错的题目，妈妈应指导孩子通过查看课本、利用网络、做练习题的方式进行综合性巩固，这样在使孩子牢固掌握知识的同时，还可以增强孩子对知识的理解。

提醒孩子重视老师的批改

很多孩子认为写完当天的作业就可以"交差"了，对老师发回的批改作业往往不闻不问，或者只看一下对错情况，从不深究。结果，当天的作业是写了，但是丝毫没有起到提高学习效果的目的，对于同一类题目，孩子总是一错再错。

其实，我们知道，孩子的家庭作业出现错误是再正常不过的事，只要孩子及时改正，就能在很大程度上避免再错。不过，很多孩子或是因为惰性，或是因为不知道老师批改作业的意义，总是"怠慢"作业本中的错题，结果白白浪费了从错题中反省、查漏补缺的好机会。因此，妈妈一定要让孩子重视老师的批改，及时改正错题，弄清楚没掌握的知识。具体来说，妈妈可从以下几个方面入手。

1. 让孩子重视老师的评语

只要我们留心，便不难发现，不管哪门科目的作业，老师在批改完毕后总是会留下几句中肯的评价。比如，批改数学作业后，老师会让孩子写清步骤、不要马虎，认真书写；对于语文作业，老师则会指出孩子用词不当的地方，以及改进方法……因此，妈妈要让孩子充分重视、分析这样的评语，找出老师的言语中希望自己保持以及改进的地方，以便在以后写作业时发扬长处、弥补短处。

2. 对于老师的批改，要先分析，后改正

对于作业本中的错误，妈妈要告诉孩子不要只改完就万事大吉，还应该分析一下出错的原因，进一步巩固和掌握知识点，以避免再犯同样的错误。举例来说，孩子主要反省以下几类原因。

数学：

（1）是否概念理解不到位？

（2）审题是否有误？

（3）计算过程是否清晰？

（4）公式、定理应用是否有误？

（5）结果是否计算出错？

（6）解题过程中的细枝末节有无关注？

语文：

（1）出现错别字了吗？

（2）组词造句是否掌握了？

（3）看完老师的评语，我该如何努力？

（4）我写作业经常犯的错误是什么？

妈妈只有指导孩子追溯出错的原因,孩子才能从中吸取教训,取得进步。在孩子改正之后,妈妈还可以让孩子做一个前后对比和总结,以此加深孩子对知识的掌握。

3. 把常见的错误归类整理出来

对于作业中孩子屡屡出错的题目,比如语文作业中出现的语序错误,英语作业中的拼写错误等,妈妈指导孩子将其摘录到错题本中,让孩子利用课余零散时间经常拿出来翻阅,就能起到不错的补漏效果。另外,对于易出错的"熟题",妈妈还可以指导孩子进行专项训练和总结,帮助孩子弄清易出错的知识点。

老师批改后的作业既有孩子努力学习的汗水,又凝聚着老师的经验与心血,妈妈结合老师的批改可以更好地了解孩子的学习状况,更有针对性地帮助孩子找到薄弱点,进行弥补。通过老师与妈妈的配合,相信孩子可以获得更大的进步。

利用小卡片改错

洋洋上小学五年级,他的语文学得很不错。虽然他也会犯各种各样的小错误,比如错别字、用词不当等,但对待这些错误,他有一个改正的小妙招。他把做作业中犯的错误一个不落地记录到自己制作的小卡片上,然后在写完作业后,再一个个地消灭卡片上的错误。久而久之,他对字词句的把握越来越精准,学习语文的积极性也变得更加高涨。

洋洋的学习方法值得我们借鉴。对于学习过程中出现的错误,用小卡片进行整理不仅便于孩子随时进行翻阅记忆,还能为孩子的学习打下牢固的基础,因为那些看似不起眼的小错误往往正是孩子容易忽略的部分。因此,对于孩子学习中所犯的错误,妈妈可以指导孩子利用小卡片进行改错。

1. 选择合适的"小卡片"

我们在给孩子选择小卡片时,应尽量选择一些纸张较厚的卡片，因为卡片的利用率比较高，如果纸张太薄则容易损坏，不利于保存。另外，卡片的正反两面最好为白色，这样能突显卡片上的字迹。当然，如果市面上找不到符合我们需要的小卡片，妈妈也可以与孩子一起动手制作。

2. 详细地记录错误

错误小卡片上应详细地记录错题、改正目标、改正说明以及注意事项等详细信息。比如在改正一道数学题时，孩子就可以在卡片的正面写题目，背面写解答和反思。

> 每两棵树之间相距6米，小云从第一棵树走到第八棵树，一共走了多少米？
>
> $6×8=48$（米）
>
> 改正：$8-1=7$（棵）
>
> $6×7=42$（米）
>
> 分析：（画图）8棵树之间应该有7段。

以上记录方式只不过起到抛砖引玉的作用，关于记录哪些内容，采用何种方式记录，孩子则可以灵活变通。比如记录一些错别字，记录一些易混淆的单词用法，用红笔或者蓝笔进行标记等，孩子可结合自己的实际情况进行决定。总之，妈妈要让孩子明白的是，对于一些经常出错的知识点，一定要详细地记录在错题卡片上，以便随时查看，加强记忆，最终不再出错。

3. 把这些"错误小卡片"进行分类

如果孩子整理的错误小卡片比较多，妈妈还可以让孩子给它们分一下类。就像我们将衣服按照季节或者颜色的不同进行分类叠放一样，方便取用。以语文小卡片为例，可将其分为词语类、句子类、作文类等，这样便可以使错误一目了然，便于孩子集中查看、总结自己的薄弱知识点。

4. 记得随时翻阅"错误小卡片"

孩子在整理完小卡片之后，还应随时拿出来进行翻阅，以提醒自己不要再犯同类错误。在经过多次翻看、复习之后，孩子在遇到同类知识点时，警觉性就会有所提升，从而降低出错概率。

第七章

语文作业的辅导方式

小学阶段正是孩子打好语文基础的关键时期，很多妈妈在意识到这一点后，在辅导孩子的语文作业方面付出了很多努力，结果却事与愿违，妈妈发现孩子最后越学越糟糕。比如，总是出现错别字，不会组词造句，更不会动笔写作等，该怎么办呢？其实只要妈妈在辅导孩子做语文作业时多点耐心，科学地引导孩子，孩子就会越学越感兴趣，最终喜欢上这门学科。

背诵课文的五大妙招

很多老师都会给孩子布置一些记忆类的作业，比如背诵某首诗或者某篇课文。有的孩子记忆能力强，回家后，短时间就能记住，作业完成得很快，但是总有不少孩子不管背诵了多少遍都记不住，为此，妈妈除了催促孩子再多读多背几遍外，也束手无策。

记忆是人脑对所经历的事物进行储存以及再现的能力。一个人记忆能力的高低，虽然与天资有一定的关系，但是更多需要后天的不断锻炼和强化。

> 佐治·乌希林是世界吉尼斯纪录记忆冠军的创造者，他并非天生有着强大的记忆力。他在学习的过程中，遇到了很多难以记忆的内容，于是，他就主动去图书馆找了一些关于提高记忆的书，并从中掌握了一些秘诀，经过长期的坚持锻炼，最终拥有了超强记忆力。

因此，妈妈要有意识地培养孩子，教给孩子一定的记忆方法，激发孩子的大脑潜力，使孩子更加高效地记忆。

1. 告诉孩子最佳记忆时间段

很多孩子长时间背诵仍记不住的原因多与不能科学地利用最佳时间段记忆有关。一般来说，人脑有四个最佳记忆时间段：第一个高潮是早晨起床后，人经过一夜的休息，精力百倍，大脑也处于兴奋状态，因此容易对记忆材料印象深刻；第二个高潮是上午8：00~10：00，此时，人的精力最旺盛，学起知识来更加容易理解和消化；第三个高潮是18：00~20：00，孩子吃完晚饭，休息片刻后，又重新进入紧张的学习中，这个时间段大脑又开始恢复了活跃，反应较迅速，孩子可以利用这个时间段顺利地完成学习任务；第四个高潮是睡前1小时，孩子入睡前的一小时大脑通常处于活跃期，还没有进入休息状态。睡前如果记忆一些内容，一般到第二天都会有印象，不会轻易忘记。

根据这一规律，我们可以让孩子在记忆高潮阶段进行背诵，比如，如果晚上没有记全课文，则可以利用早上的时间再把课文读几遍，就能起到事半功倍的效果。

2. 把好的记忆方法教给孩子

妈妈可以将一些有效的记忆方法教给孩子，以便于孩子理解抽象的知识、增强记忆力。

（1）协同记忆。科学研究发现：仅用眼睛去看，能够记住25%；用耳朵去听，能够记住15%；若把视觉与听觉结合起来，则能够记住65%，且参与记忆的器官越多，记忆效果越好。所以，孩子在背诵时，妈妈应指导孩子充分调动身体的各个感官，用手写、用眼看、用嘴说、用耳听，综合运用。

（2）分段记忆法。妈妈可以教孩子将一篇课文分成若干个部分进行记忆，比如，前、中、后三个部分。然后在背诵的时候先把前面的部分记住，之后再记中间部分，各个击破，最后再把前部分、中间部分连起来记忆，背熟之后再记忆最后一段。这样，孩子心理上就不再觉得记忆的内容太多，从而削减心理压力，提高记忆效率。

（3）尝试回忆。相关实验证明，在读过材料后合上书尝试背诵，这种反馈型记忆方式远比只读不背的方式有效得多。因此，建议孩子在读完课文后，将阅读与背诵的时间按照1∶4的比例进行分配，虽然每次合上书回忆都很费时，但是能让孩子明确自己记不住的地方，通过打开书查看，再合上背诵的方式，可以保持孩子大脑皮层神经的兴奋，帮助孩子集中注意力，从而加快记忆速度。

记忆课文的方式有很多，孩子在背诵课文时，多种方式穿插运用，就能起到不错的效果。

边写边积累词语

心理学研究表明：学生只有在大脑中建立词汇储存库，才能有效地积累和理解词语，才能准确地运用词语。

词汇是语文学习的重要组成部分。词汇量的多少不仅影响着孩子的语言表达能力，还在一定程度上影响着孩子的语文水平。为了加深孩子对字词的理解，增加孩子词汇量的积累，语文老师经常会给孩子布置一些词汇类的作业，比如组词造句，找同义词或者反义词等。面对这样的作业，很多孩子觉得很枯燥，或者在抄写几次后，总是记不住，于是就敷衍了事。那么，对于这样的情况，妈妈该如何辅导孩子更好地完成呢？

针对孩子记性好，模仿能力比较强，但是悟性欠佳的特点，妈妈可指导孩子通过以下几种有趣的方式进行积累。

1. 通过课文积累更多的词汇量

语文课文都是经过专家精挑细选出来的，不但文字优美，而且内容也很生动。因此，孩子在学完一篇课文后，妈妈可指导孩子将文中的词语分门别类地抄写下来，并运用到表达中，以此丰富孩子的词汇库。

以《美丽的小兴安岭》为例，作者用精准的词语描写了小兴安岭一年四季美丽的景色，非常生动。妈妈可引导孩子自己找一找妙词，反复地体会。

课文篇目	好词积累	近义词或反义词	我会造句
美丽的小兴安岭	葱葱茏茏、密密层层……	郁郁葱葱、密密麻麻	山上的大树枝繁叶茂、葱葱茏茏

2. 多看课外书积累词语

"读书破万卷，下笔如有神。"丰富的词汇量也可以从阅读中积累而来。一个词语只有放在特定的语境中，才容易让人明白它的用法，进而记住它。所以，在注重积累课本词汇的基础上，妈妈还可让孩子利用闲暇时间多阅读一些书籍、报刊等，从而增加自己的词汇量。比如，让孩子在看书的过程中将好词多看几遍，借助工具书弄明白意思，并摘抄下来仔细琢磨。

好词：

读音：

好词所在的句子：

表达的意思：

用词造句：

另外,需要注意的是,孩子在查阅词典的时候也是有一定技巧的:不要仅仅弄明白要查的那个词语,还要将该字词在字典中与之相近的字词也弄明白,这样,孩子在动手查阅的过程中又可以顺便掌握不少词汇。

3. 采用归纳积累的方法扩大词汇量

妈妈可以让孩子准备一个专门的记录本,将遇到的好词摘抄到笔记本中,以便随时巩固翻阅。比如:

> 描写四季的词语:
> 描写环境的词语:
> 描写外貌的词语:
> 描写树木的词语:

词语分类方式不限,孩子还可以把关于方向、数字、时间的词语等归纳在一起,这样便可以有的放矢,较快地掌握、积累更多的词汇。

4. 读讲结合

妈妈还可以指导孩子选出自己喜欢的文章,反复阅读,之后用自己的语言为妈妈或其他家庭成员讲解一下文中字词的意思和用法,通过这种有趣的方式,孩子对字词便会有更深刻的认识,同时,对词汇的掌握和运用也会更加牢固和娴熟。

教孩子告别错别字

语文学习离不开识字与写字,但是在两者衔接的过程中,错别字的出现却成了一个亟须解决的问题。翻开孩子的作业本,错别字随处可见,情况严重者,一句话中甚至会出现五六个错别字。由此可见,错别字是一项作业"多发病"。

教育专家研究发现:在小学阶段,错别字呈正态分布态势。也就是说,随着年级的升高,识字量的加大,错别字也逐渐增多,三年级达到顶峰,四五年级呈逐渐下降趋势,而六年级学生的错别字概率又呈增长趋势。

孩子之所以容易写错别字,首先是因为不少孩子贪玩,排斥作业,急于写完;其次,小学生注意力十分有限,他们无法长时间将注意力集中在无趣的写字中,于是在写的过程中一心二用,把原来能写正确的字少写或多写几笔,就出现了错别字;再次,孩子做作业的习惯、态度和情绪等都与错别字的出现有着一定的关系,错误率高的孩子往往写作业浮躁,遇到不会写的字也懒得动手查字典,从而出现错别字。

所以,妈妈在端正孩子学习态度的基础上,教给孩子一些具体的改正易错字的方法,就能起到不错的预防错别字的效果。

1. 让孩子自己纠错

对于爱写错别字的孩子而言,在孩子写完作业后,妈妈可以先让孩子自己进行检查,找一找错别字,看看自己能不能发现。之后妈妈再帮孩子检查一遍,如果发现错别字,也不要立马告诉孩子,而是用红笔在出现错别字的那一行或一段做个标记,提示孩子此行或段落有错别字,让孩子仔细查找出来。在孩子找出来之后,妈妈可以让孩子填一下下面的表格,加深孩子的记忆,以防再犯。

错别字	组词	造句	书写时注意的问题

2. 记音形义

(1)记字义。

许多汉字由象形字演变而来,偏旁部首往往就能表明该字所指的意思,列表举例来说:

偏旁	释意	用法举例
土	与土有关的字用此偏旁	"壤""地""堆"等
禾	与庄稼有关的字用此偏旁	"秆""稞""糠"
雨	与水滴相关的汉字用此偏旁	"露""雪""雹"等
氵	与水有关的汉字用此偏旁	"溪""海""洋"

（2）记字形。

有些字形看起来差不多，只是一笔之差或者长短曲直有点儿不同。比如"冠"与"寇"，"已"与"巳"……孩子在书写时，就需要对汉字进行详细观察，注意每一个笔画。对于特别难区分的字，可以将其集中到一起，然后对比分析彼此之间的不同之处，比如"戍"字有点，"戌"字是横，而"戊"字是中空的。

（3）记字音。

有的孩子在书写汉字时经常混淆同音字或近音字，比如"部下"的"部"与"布匹"的"布"，两者音同而字不同，孩子可通过多次抄写、对比区别，组词造句的形式进行识记。

3. 在练习中记忆

实验证明，一个生字练习三次，就能在默写中使错误率降低到7%以下，等同于抄写汉字8遍的效果。因此，在孩子写完作业后，妈妈可以利用晚上的时间和孩子一起玩玩文字游戏。比如添一笔变字："日—白""斤—斥"；减一笔变字："玉—王""吏—史"，再比如和孩子玩一玩找错的文字游戏：

> （1）按装（　　）（2）甘败下风（　　）（3）自抱自弃（　　）
> （4）泊来品（　　）（5）脉博（　　）

让孩子找出错别字并填写在括号中，就可以提高孩子对汉字的掌握。

为了降低孩子的出错率，在书写时除了要养成多思考、多记忆、多分析的习惯外，还应书写工整，按照格式写。比如不能将"动"写成"云力"，不能将"胖"写成"月半"等。只有做到规范书写，手脑并用，才能减少甚至消灭错别字。

写日记的方法

几乎所有的老师都会让孩子坚持写日记,并将其作为一项长期性的作业。但很多孩子在写日记时,总是如记流水账一般,言之无物。比如,有几个孩子就写过这样的日记:

> 今天起床后去上学,在学校待了一天,真是太累了!
>
> 今天妈妈又让我写作业,可我就是写不快啊,真的很烦恼。
>
> 今天周日,起床后,我去了姥姥家,然后又找了同学去玩,我们玩了很久,真的太有趣了!
>
> 显然,这样的日记无法提高孩子的写作能力。其实,写日记并不难。妈妈在辅导孩子写作时可从内容和方法两个方面进行指导。

从内容来看,孩子一天生活中的所见、所闻、所感、所为都可以写成日记，日记的内容比较宽泛，没有限制。但这并不是说把一天中所有的事情都写进去。孩子应该找出一天之中令自己感触最深的一点，即令孩子得到某种认识、获得某种思考或者受到某种启发的东西。比如，学习中遇到了某道难题，在同桌的帮助下，解答了出来。再比如，家中的某棵植物开花了等。

在孩子找到这样的关键写作素材后，我们可以引导孩子先写好一句话。比如，孩子想记录今天与同学玩游戏的事，那么，妈妈可让孩子将句子写在草稿纸上，然后针对"我今天与同学玩游戏"这个句子问一问孩子下面的问题。

时间：
地点：
人物：
环境：

在确定这些基本因素后，要对游戏以及参加游戏的人进行提问。比如：游戏的名字是什么？规则是什么？玩游戏时，自己与同学是如何表现的（即人物的语言、动作、神态描写）？

在孩子想清楚这些问题之后，就可以按照事情的起因、经过、结果的方式进行写作。比如，教孩子想一想，玩游戏的过程中发生了什么，最后游戏是怎么结束的，以及问问孩子为什么觉得这个游戏令自己难忘。在孩子将这些问题一一写出来之后，就自然成为一篇完整的文章了。

从日记形式上来看，日记可以写成记叙文，也可以写成读后感，或是摘抄一些好句好段等，总之文体不限，只要是能带给自己触动或感想的事物，都可以记录到日记中。

日记虽然体裁宽泛，但是孩子在写作时，还需做到先思考再动笔，内容真实、真切。另外，需要注意的一点是，妈妈在刚开始指导孩子写日记时，应保持平和的心态，不要对孩子提出过高的要求，只要孩子能把事情记录清楚就可以。为了激励孩子不断进步，妈妈可以利用"感情符号"对孩子的日记进行审阅，比如，画一个小猴子的脸，代表孩子的观察力非常棒，画个云朵，代表孩子有着丰富的想象力等。用这种感情符号批改孩子的日记，不仅有趣，还可以提高孩子写作的积极性。

写作文的好方法

面对老师布置的作文题目,很多孩子感到很头疼,不少妈妈也为孩子写不出好的文章而倍感忧虑。那么,妈妈到底该如何提高孩子的写作兴趣,辅导孩子写出佳作呢?

1. 指导孩子多观察

对于孩子而言,让他们感到困难的就是没有材料可写。的确,中小学生家校两点一线的生活确实没有太多丰富的内容。这就要求孩子要多留意观察社会上的人和事,自然界的景和物。妈妈在指导孩子观察时,应该引导孩子全面把握观察对象和一个事件的整体过程。比如,孩子要写关于家务类的作文,妈妈可让孩子观察一下自己打扫卫生的经过,包括事前准备,过程中是如何进行打扫的,比如几点开始打扫,先清洁什么再清洁什么,这些过程都要记录得清清楚楚,不遗漏每一个环节。在孩子观察完毕后,妈妈可让孩子将观察到的情况口述一遍,妈妈听完之后再做适当点拨,这样,孩子对事物或者事件就有了一个更加透彻的把握。

另外,每次孩子外出参加活动时,妈妈还可以让孩子将观察到的内容记录到笔记本中,这样,一本内容丰富的观察日记就整理完毕了,孩子就能更加轻松地解决作文的素材问题。

2. 教孩子列提纲

如果说材料是作文的血和肉,那么结构就是作文的骨架。而列提纲则可以帮助孩子打开写作思路,使作文的结构更加紧凑,更加清楚和完整。可以说,提纲是孩子写好作文的向导。但事实是,不少孩子在写作文时,没有意识到提纲的重要性,往往思考几分钟之后,提笔就写,结果文章内容非常混乱;还有的孩子则是列了提纲之后,行文依然缺乏条理。

因此,妈妈在辅导孩子列提纲时,可问一问孩子要写的题目,再让孩子想一想要表达的主旨,在确定主旨后,问一问孩子选择什么材料来表达主旨,最后提醒孩子注意结尾的点题作用。比如下面的提纲范例。

(1)题目:我的爸爸。

(2)定主旨:他是一个节约、幽默、严谨的人。

(3)定内容:

①故事一:节约。用爸爸吃饭时不浪费一粒米的故事来烘托他的节约。

> ②故事二：幽默。以爸爸平时总是喜欢开玩笑来彰显他的幽默。
> ③故事三：严谨。用爸爸对待工作的态度体现他的严谨。

在孩子列好提纲后，妈妈还要提醒孩子注意首尾扣题，前后呼应，以求作文完整、主题突出。

3. 填充引导

好的文章之所以精彩，是因为每一个词语、句子都用得恰到好处，可现实中不少孩子写起作文来苍白无力。比如，某校学生写过这样一句话：我的弟弟是一个小馋猫，一看到桌子上的红烧肉，他就迫不及待地吃起来。

对此，妈妈不妨引导孩子给句子加入一些动词、形容词等，让句子变得丰富起来。比如，我的弟弟是一个小馋猫，一看到桌子上妈妈刚烧的红烧肉，他就飞奔到桌子前，迫不及待地用手拿一块肉，迅速地塞到嘴巴里，还发出"吧唧吧唧"的声音。他眼睛瞪得圆溜溜的，生怕别人跟他抢！妈妈在引导孩子写句子时，要让孩子充分地发挥想象，多加入一些词语进行修饰，这样，句子才会变得生动深刻。

最后，在孩子写完作文之后，妈妈还应让孩子通过"读改"的方式对作文进行全面的增补、删减、整理以及润饰，以达到理顺篇章、文从字顺的标准。

如何用好工具书

孩子在写语文作业的过程中，遇到不认识或者不理解的字词需及时地查阅工具书，弄懂意思。而不少孩子漠视工具书的重要性，甚至将工具书放到书包里不拿出来，写作业时遇到困难就选择跳过去，结果语文作业中的错别字特别多，写起作文来，用词也不精准。对此，妈妈屡次提醒，却收效甚微。

大教育家孔子说："工欲善其事，必先利其器。"古今中外的学者，莫不把工具书视为珍宝，生动地将其描述为"良师益友""学习顾问""不说话的老师""打开人类知识宝库的金钥匙"。对其作用的概括则为四句话："指引门径，解决疑问，节省时间，提供参考。"

其实，平时很多孩子已经掌握了查阅工具书的方法，只不过不少妈妈在辅导孩子做作业的过程中越俎代庖，使孩子变得过于依赖妈妈而不愿意自己动手，久而久之，就形成了惰性。因此，妈妈可将工具书放在显眼的位置，以方便孩子查阅。当孩子遇到读音或字意拿不准的汉字时,妈妈应该鼓励孩子自己动手查阅,将拿不准的汉字弄明白。此外,妈妈还可采用下述方式,指导孩子用好参考书。

1. 为孩子准备好参考书

妈妈可以与孩子一起去书店购买参考书。比如,《新华字典》是孩子学习语文必备的工具书,对于不理解的字词,孩子都可以请教它。对于高年级的孩子,妈妈还可以为孩子准备一本《现代汉语词典》,当孩子在阅读中遇到不理解的词语或者写作文不知道该如何准确使用词语时,都可以从词典中找到。当然,还有不少工具书可以辅助孩子学习语文,比如《成语词典》《学生辞海》《现代汉语通用字笔顺规范》等。

2. 用工具书弄懂字词

《新华字典》和《现代汉语词典》是孩子学习语文经常用到的工具书。那么,该如何利用这一类工具书学习呢?其中关键的一点是,联系字词所在的语境、结合所学知识和生活实际,在查阅的过程中积极动脑思考。

比如,孩子在晚上预习课文《师恩难忘》时,遇到了这样一个句子:"田老师的声音戛然而止,我却仍在发呆,直到三年级的大学兄捅了我一下,我才惊醒。"对句中的"捅"字,孩子可能不理解,对此,妈妈就应该让孩子翻阅字典,字典中的解释为"戳、刺、碰"，但到底是哪个意思呢？孩子还需联系课文语境进行选择，通过阅读，孩子便不难明白捅是碰的意思。

3. 用工具书辅助阅读

语文辅导、参考类的书也属于工具书的一种，孩子在预习课文或者完成一些复习作业的时候都可以使用。在孩子预习课文的时候，在读过几次课文后，可结合参考书中的内容与心中的答案做一下对比，了解自己的欠缺，在这样的对比中，孩子的总结归纳能力会逐渐提高。

此外，孩子做作业之前也可以利用参考书复习一下当天学过的课文，根据参考书的提示和练习题检查一下自己是否掌握了当天所学内容，还可以反思一下老师所讲的内容与参考书中的不同。在这样的思考和检查中，孩子就能进一步锦上添花。

最后，妈妈还可以给孩子做个榜样，当遇到自己不认识的字时，应主动翻阅字典，还可以与孩子进行查字典比赛，比如就某个词语找一找同义词或者反义词，看谁找得多、找得快。这样可以增加孩子对查工具书的兴趣。

第八章

巧做数学作业

在辅导孩子数学作业方面，很多妈妈不小心走入了一些辅导误区。比如，在要求孩子结果正确的基础上却忽略了过程，着重辅导孩子解决难题，却忽视了孩子对数学概念以及基础题的把握等，结果治标不治本，妈妈花了不少工夫，孩子却并没有取得多少进步。辅导数学作业需要一定的方法，妈妈只有参照这些方法，才能启发孩子的思维，使数学变得形象、生动起来。

做计算题不出错的妙招

计算能力是小学阶段数学学习中的核心技能，而不少孩子却缺乏这样的能力：翻看孩子的作业本、练习题，错题比比皆是，计算题出错几乎成了小学生的通病。对此，不少妈妈认为孩子是因为马虎才算错的，计算题不需要辅导，只要细心一点就能避免。当发现孩子做数学题出错时，只能不断地重复叮嘱孩子一定要细心。

其实，小学阶段的数学学习是环环相扣的，每一个环节的学习和训练都是下一个环节的基础，如果某一个环节出现了问题，就会不可避免地导致其他环节出问题。而计算能力是环与环连接的重中之重。计算能力代表着一种数学思维能力，它在一定程度上可以反映出一个孩子的思维是否严密，而且计算题的训练还可以提高孩子思维的灵活度，在心理上提高孩子对数学的自信。那么，明明看着会做的计算题，孩子为什么屡屡出错呢？

1. 心态浮躁

心态浮躁、疲于应付，对数学作业的重要性和必要性认识不清，认为写作业就是为了应付老师检查，在这样的心态下，孩子缺乏做题力求准确的目标，当遇到比较麻烦的数学题时容易产生排斥心理，不认真审题或分析，导致计算出错。

2. 概念模糊、没有掌握运算法则

孩子对数学概念理解不清、运算法则不清晰也是造成孩子计算题出错的重要因素。比如，对加减乘除法的概念掌握不清楚，四则运算就容易出错。

3. 专注力差、不会进行知识迁移

解题的过程也是注意力不断转移，知识不断进行迁移的过程，孩子需要及时调整注意力，将其分配到不同的计算对象上，如果丢三落四，顾此失彼，就容易失误。

一般来说，数学计算能力的好坏，主要体现在正确率以及速度方面。因此，孩子在做数学作业时，妈妈就应该有意识地强化孩子的计算能力，教给孩子一定的计算方法，提高孩子的解答能力。

1. 计算题要三步走

很多孩子看到计算题目，提笔就写，加上计算过程比较枯燥，很容易就会出现心理疲劳，此时，再看到相近的数字或者符号，就容易出现抄错的情况。因此，孩子在做计算题时，应该让孩子认真审题，仔细看清题目中的每一个运算符号和数字。孩子在审题时应该按照三步进行：首先要看清符号和数字，观察它们之间的内在联系；其次，要注意运算顺序，想清楚先算什么，再算什么，做到心中有数；再次，要从运算方法的合理性和简便性出发，分析数字的特点，结合运算定律，看看是否可以进行简便运算，如果不行，可以通过分、合、转换等方式使运算简便，然后再动手计算。

2. 注重验算

验算不仅可以提高准确率，还可以培养孩子对待学习的严谨态度，比如用估算可以推断答案是否合理；在加法运算中，和应该大于每一个加数；等等。对于计算经常出错的孩子，妈妈应要求孩子做到一步一回头，每步必查，及时地纠正错误，确保结果正确。

3. 加强对法则和概念的理解

妈妈在指导孩子写作业时，对待各种概念和法则，在让孩子知其然的基础上也要知其所以然。比如，孩子在计算小数乘法 0.81×2 时，先算 $81 \times 2 = 162$，再看因数中一共有两位小数，就从积的右边起往左边数两位点上小数点得1.62。此时,妈妈应引导孩子进行分析,比如,在计算81×2时,实际是把因数0.81扩大100倍,那么所得到的积162就要缩小100倍,得到1.62。这样,在孩子原有认知水平的基础上,丰富了孩子新的算理,更利于孩子认知结构的建立。

此外,妈妈还应严格抓好孩子的作业书写问题,计算时,格式要正确,题目中的数字和符号一定要书写清楚、规范,避免因潦草而出错。总之,孩子计算能力的培养需要长期的训练和坚持不懈的努力,每天坚持做一些运算练习,相信一定可以收到不错的效果。

把课本例题重做一遍

一位老师做过这样的调查。他随机抽取四年级的99名同学，问了这样一个问题："如果遇到不会做的数学题目该怎么办？"调查结果显示，回答"问老师"的同学占到了82.8%，回答"与同学讨论"的同学占到了2.0%，回答"问同学"的占8.1%，回答其他方法的占7.1%。令人吃惊的是，在这99名同学中，竟然没有一人回答"看课本"。

通过调查可以看出，孩子如果作业中遇到困难，多数会向老师、同学请教，却没有人向课本请教。在这些孩子的眼中，似乎教科书对解决难题并没有起到什么作用。

那么，为什么孩子会忽视对教科书的学习呢？这是因为，在学习数学时，课上所讲的内容大多会通过做练习来巩固，结果，不少孩子就误以为学习数学等于做题。但是，从长远来看，随着年级的升高，数学的难度也会逐渐增加，如果只是单纯地把课本当作习题集，那么，孩子的数学学习就会出现很多漏洞。比如概念不清，缺少步骤，或者思维僵化，不会对知识迁移等。另外，许多练习题也是从课本中的练习题、例题演化而来的，所以孩子写作业遇到难题时，好好地看一看课本就可以找到题目之间的联系，从而找到解题的关键点。

我国著名数学家张广厚曾经指出："只做题，不看书，是学不好数学的。"事实确实如此，数学课本中的概念、公式以及定理是解决难题的精髓，也是孩子学好数学的基础。因此，孩子在做作业时，一定要充分注重课本的作用。

1. 精读课本中的概念、定理和公式

概念、定理和公式是课本的主要内容，也是孩子解答好每一道题目的前提。因此，我们在辅导孩子写作业之前，对当天所学的概念或定理一定要一字一句地仔细阅读，将每一个概念弄明白，对于公式，则要记住公式的使用条件，将公式中的字母所代表的意思弄清楚；对于定理，则要求孩子准确、完整地背诵。

2. 精读课本中的例题

课本中的例题是孩子学习知识的桥梁，也是他们探究解题方法的最佳示范。因此，妈妈要指导孩子将例题当作阅读的重点。比如，孩子在看例题的时候，一定要准备好草稿纸和一支笔。解答之前可遮盖住解题过程，先凭自己对知识的记忆和理解在草稿纸上解答，之后，要求孩子将自己计算出的答案与课本中的例题解答过程

进行对比，找到自己出错的地方，并总结经验教训。这样不仅为接下来的数学作业做好了准备，同时还提高了孩子的解题能力。

3. 从练习题中得出规律

课本中的练习题包含了数学概念、公式以及定理的应用，是非常有价值的。孩子在完成课后作业后，妈妈可以指导孩子反思一下，练习题都考查了哪些知识点，做练习题时容易出错的点在哪里，为什么这个方法比较好，以后在哪些情况下还可以用到这样的方法。此外，完成课外练习题后，还可以做一些类似练习题，一方面可以帮助孩子进一步巩固所学知识，另一方面也可以检验孩子是否真正地掌握了课本中的知识。

让孩子掌握数学概念和公式

不少妈妈在辅导孩子做数学作业时，经常会遇到这样的问题：孩子明明把数学公式背得滚瓜烂熟，但是碰到难题就不会用，哪怕用了也会出错。为什么会出现这样的情况呢？

这是因为数学科目中需要记忆的知识都偏向于理解性记忆，而靠死记硬背记住的知识对孩子的学习并没有多大帮助，体现在做题方面就是孩子只知道表面却不知道内涵，从而出现混乱的情况，往往是该用A公式的时候却用了B公式。"工欲善其事，必先利其器"，数学概念和公式就是孩子手中的武器，孩子要想学好数学，就要透彻地理解概念和公式，掌握这些武器的使用方式，才能更好地解决遇到的难题。具体来说，妈妈可以这样辅导孩子记忆和理解数学公式。

1. 学会灵活地记忆概念

对于数学中比较抽象的概念，孩子往往难以建立起完整的印象，因此，在孩子学习概念时，妈妈要指导孩子抓住其中的关键字词去理解。比如，加法交换律：两数相加，交换加数的位置，和不变。那么，孩子在记忆时，就需要抓住"交换""不变"这样的关键词。只要记住这两个词，无论孩子再遇到怎样的加数互换位置的题目，都很容易得出正确答案。

同时，在记忆概念的过程中也要注意区分一些相邻、相近或容易混淆的概念。比如分数乘整数、分数乘分数这两个概念，妈妈就需要指导孩子抓住分子、分母的变化原则记忆，这样才能正确地区分概念，也方便孩子记忆。

另外，孩子还可以将学过的概念进行分类，比如，关于加减乘除的概念归为一类，关于数的概念归为一类等，这样有助于孩子更准确、更全面地掌握概念。

2. 弄懂公式的来龙去脉

与概念不同的是，公式是用符号、字母来表达意义的。所以，妈妈要让孩子理解字母、符号以及它们组合在一起所要表达的意思，这样才能正确地运用公式。此时，孩子还应多查看课本，看一看公式是如何推导出来的，并结合现有知识，思考每一个步骤。在此过程中，还可以让孩子代入数字，或者将公式反复练习几次，这样就能让孩子更好地理解公式的含义。

3. 在练习中巩固概念和公式

孩子要想熟练地运用公式和概念，还需要勤加练习，除了做一做课本中的例题、练习题外，孩子还可以在生活中去应用。比如，关于图形面积的计算，妈妈可以让孩子测量一下书桌、茶几、小床等常见用品的数据，然后进行计算。

如何解答应用题

解答应用题是很多孩子需要面对的难点，不少孩子在解答应用题时往往会发出这样的感叹："应用题实在太难了，我看到就头大！"应用题之所以令孩子感到无从下手，是因为孩子难以抓住条件与问题之间的内在逻辑关系，缺乏对应用题数量关系以及变化规律的判断。因此，妈妈在指导孩子做应用题时，不能就题论题，而应从培养孩子的解题思路入手，注重孩子的思维启发和引导，帮助孩子学会分析条件之间的关系，从而提高解题能力。

一般来说，解答数学应用题的方法主要包括三种：综合法、分析法以及图示法。妈妈教孩子掌握这三种方法，可以有效地提高孩子解答应用题的能力。

1. 综合法

综合法就是从题中已知条件入手，分析一下哪两个已知条件可以组合在一起，以及能解决什么问题；在解决的问题成为已知条件后，再思考该条件与题中哪个已知条件组合，又能解决什么问题，直到获得最终答案。

比如这道应用题：三年级学生要浇300棵树，已经浇了120棵。剩下的分三次浇完，平均每次要浇多少棵？在辅导孩子时，妈妈可分步骤地引导孩子，慢慢开启孩子的思路。

（1）读题，弄清已知条件和问题。

在孩子理解题意的基础上，让孩子复述：三年级学生要浇300棵树，先浇120棵，再把剩下的分3次浇完，求平均每次要浇多少棵。

（2）让孩子分步列式解答。

妈妈可一边问孩子，一边让孩子写出列式。

①还剩下多少棵树没浇？300－120＝180（棵）

②平均每次要浇多少棵？180÷3＝60（棵）

（3）引导孩子列综合算式。

妈妈可结合孩子列出的步骤，对孩子进行提问，以便教给孩子思考的方法。比如问一下孩子："第一步算式的计算结果到第二步算式中做了什么？"孩子回答："被除数。"那么，可告诉孩子，列综合算式时，可以采用以算式代替数字的方法，比如，300－120＝180，180÷3＝60。第一式的结果是第二式的被除数，把第二式中的"180"换作算式"300－120"，即把300－120的差平均分成3份，求每份有多少。这样，孩子就能得出正确的答案。

2. 分析法

分析法不仅可以提高孩子解答应用题的能力，还可以提高孩子的分析和判断能力。具体来说，分析法是从问题着手，找出与问题相关的条件，看看条件是否为已知，如果是，则可以根据已知条件进行解答；如果否，则可以将未知的条件变成子问题，找到解决这个子问题所需要的条件，一步步地进行分析、寻找，把所需条件转化为已知条件。举例来说：

一堆煤，原计划每天烧2吨，36天烧完。实际每天比计划节约20%，这堆煤实际可烧多少天？

以这道题目为例，妈妈在让孩子读几遍，弄懂题意之后，可引导孩子从问题着手，问一问孩子："要求这堆煤可以烧多少天，必须知道什么条件？"

孩子经过思考后，不难得出：要解决问题，就必须知道这堆煤的总吨数和每天烧的量。接着妈妈可以问一下孩子："题目中有没有给出这两个条件呢？"孩子："不知道。"妈妈可继续引导："要求这堆煤的总吨数，必须知道什么条件？要求实际每天烧的量，又必须知道什么条件呢？"孩子认真思考后，可得出：要求总吨数，就必须知道这推煤原来计划烧多少天，每天烧多少吨。

妈妈可总结说："要求实际每天烧多少吨煤炭，就必须知道计划每天烧多少，实际每天烧的比计划节约或者超出了多少。这样根据分析，倒推着一步步地列出算式，就可以得出答案了。"

3. 教孩子学画线段图

线段图可以帮助孩子理清应用题所给出的数量间的相互关系，帮助孩子理解题意，减少出错概率。比如，师生共栽了200棵桃树，比计划多栽了1/5。计划栽多少棵桃树呢？对于这样的分数应用题，妈妈指导孩子在草稿纸上画一画线段图，孩子很快便能列出正确算式。

提高孩子解答应用题能力的方式有很多，但无论采用哪种方法，源头都离不开对孩子思维的启发和训练，妈妈在辅导孩子解答应用题时，要结合孩子的实际学习水平，再采用灵活多样的方式进行启发，相信一定可以帮助孩子探寻到解题的规律和方法，从而轻松地应对应用题。

"多做几道"不如"多做几遍"

我们经常听到孩子放学回家后向父母抱怨:"今天课堂小考的题目我都会做,但就是时间不够,只要再给我一点儿时间,我就能得一百分。"或者"我在考前做了那道练习题,甚至在第几页我都知道,可就是不记得怎么解答了,真是太气人了。"

其实,孩子反映的问题就是对题目不熟练。而做题的熟练度往往体现着孩子对知识的把握程度,因此,妈妈在孩子做数学作业时,一定要让孩子把握这样的原则:多做几遍胜过多做几道。这是因为,处于小学阶段的孩子思维能力并不强,如果盲目地搞题海战术,在"新知识"的不断刺激下,孩子往往做了后面的题目却忘了前面的题目,导致难以消化新知识,解题思路也变得非常混乱。因此,妈妈在辅导孩子做作业时,对于重要的公式、解题步骤和定理一定要让孩子记熟,典型的例题和课后题则一定要让孩子多做几遍,直到深入理解,将知识贯穿起来,打牢基础,不再出错。

具体来说，妈妈在辅导孩子做数学作业时，应注意以下三个方面。

1. 多做课后练习题

很多孩子认为老师布置的课后练习题简单、没有挑战性，因此，往往不太重视课后练习题。其实，课后练习题是十分具有代表性的题目，同时又非常贴近老师所讲的内容，如果孩子能熟练地解答课后习题，那么，做其他练习题也会轻而易举。

所以，妈妈在孩子写完作业后或者过程中遇到不会的题目时，可让孩子翻看一下作业本，再多做几遍相关练习题，尤其是出错的题目，在不断地练习中，不仅可以检验自己是否掌握了知识，同时还可提醒自己的易错点，从而减少出错率。

2. 准备少而精的习题集

为了提高孩子的数学水平，很多妈妈为孩子准备了各式各样的习题集。但事实上，做这样的习题集不仅占用了孩子的休闲时间，还会使孩子产生厌倦心理。因此，妈妈要结合孩子的学习情况适当地给孩子准备少而精的习题集。

一般来说，数学题包含低中高三类难度的题型，妈妈在选择习题集时，要考虑到孩子处于哪一个阶段，如果已经有了适合孩子能力的习题集，就无须准备更多的练习册了，一本或几本足矣。

3. 尝试用新的方法去解答

当孩子重复做一些已经做过的题目时，难免会觉得枯燥，解题态度上也会变得十分懈怠，无疑，这样的重复练习是无效的。所以，妈妈在指导孩子做这些旧题时，可以让孩子抛开以往的解题经验，要求孩子运用新的方式进行解答，或者将题目进行条件与所求的互换，通过新的角度灵活地运用解法。此外，还可以让孩子给妈妈讲一讲题目的解答，这样孩子就会变得重视起来，从而积极地对待这些题目。

提高做题效果的几点要求

妈妈在辅导孩子做数学题时不难发现:数学题有时候会出得很巧妙,数字、符号等各种因素都可能成为迷惑孩子的假象,如果孩子做题时不注意,就有可能被其迷惑,不但费时费力,还总是出错。

因此,妈妈要让孩子明白,做题时不能只追求速度,一定要做到稳、准,这样做题,作业质量才会提高。除此之外,指导孩子注意以下几点,也可以使其达到事半功倍的效果。

1. 认真、细心审题

读题、审题是解题过程的首要环节,一般来说审题分三步:通读,就是先将题目一字不漏地读一遍,整体把握题目的已知和所求;其次,还需重点结合题目的问题,用笔圈出题目中的关键符号和词句;最后,在读完题目后,妈妈可让孩子说一说此题的解答思路,以及解答该题目所应用到的公式和定理,让孩子在草稿纸上写一写、列一列，帮助自己理清思路。

2. 步骤要清楚

很多孩子没有意识到这一点，认为只要结果正确就行，所以看见题目就直接写答案或者在作答时为了节省时间，有意漏掉一些步骤。因此，妈妈在辅导孩子写作业时，就需要要求孩子将每一步都写清楚、写详细，这样不仅可以帮孩子理清思路，还方便解题之后的检查。

3. 争取一遍做对

如果孩子解答数学题时可以一气呵成，解答出正确的答案，那么他们就会很开心，但如果尝试了几遍后仍然解答不出来，那么他们就会产生一种沮丧感，从而失去做题的兴趣。因此，妈妈在辅导孩子学习时，要让孩子尽量做到一次成功，不要单纯为了完成作业而忽略结果，也不要等着回头检查的时候才发现自己的错误。做题争取一次就对，这种做题习惯可以在提高孩子解题正确率的基础上，培养孩子专心认真的态度。

4. 做题做到熟练

孩子在做题的过程中不应该仅仅满足于已经懂了或者这样的题目已经做过了，妈妈还应让孩子自我反思一下，对这道题目理解得深不深？解题的速度快不快？能否保证每次都能解答正确？另外，做题不一定求多，妈妈可让孩子将课本上的练习题、例题或者考过的试卷等多做几遍，在做的过程中熟悉各种解题方法的应用，这样，做得多了，孩子解答起来自然会越来越熟练。

5. 认真检查

很多孩子平时做完题目后就觉得万事大吉，没有养成检查的好习惯，结果错误百出。因此，无论是考试还是平时写作业，妈妈都要让孩子从头到尾地将题目检查一遍，并仔细思考每一个步骤，看看运算顺序是否合理，有没有点错小数点、漏写分号或者抄错了数字等，通过这样的检查就能将一些不必要的小错误清除掉，提高解题质量。

注重解题过程

很多孩子在做数学题时,觉得有些题目反正自己已经会了,就省略了解题过程,只写一个答案。这样做的后果是,万一答案出错,孩子就难以通过解题过程看出错在哪里;还有的孩子,在做题的时候,不求甚解,对于解题方法非常生疏,只求结果正确。

以上两种忽视做题过程的做法都是不正确的。以优异成绩考取北京大学的陈浩然同学在回顾数学学习经验时,这样说道:"做题时,我觉得注重过程是非常重要的。以我的数学为例,高考时发挥得比较理想,我认为与我平时的做题习惯有着很大的关系。数学的题目一般比较严谨,是以解题过程为主,按步骤给分,细化到每一分怎么给,什么情况,给出什么式子,得到什么结果,都有详细的要求,所以我们除了保持一定的练习量外,更要注意解题过程,多总结、多思考、多注意,过程注意到了,结果也就正确了。"

那么,具体来说,妈妈该如何指导孩子呢?

1. 记好思路

在孩子开始动笔解题之前,妈妈应先让孩子整理、记录一下思路,理清每一个步骤,明白先做什么再做什么。对于选择题、填空题这样的题目,虽然只要求填写答案,但也应该让孩子把计算过程呈现在草稿纸上,这样可以帮助孩子理清思路,防止马虎出错。

2. 做题一定要认真仔细

妈妈在辅导孩子做题时,一定要把好质量关,在孩子做题的过程中,叮嘱孩子一定要做到细致、认真。因为很多时候,往往是一个标点的不同,题目的解答就会产生很大的差异。另外,还需看清计算符号,必要时,还可用铅笔进行标注。比如计算$350÷25÷2$与$350÷25×2$,尽管两道算式只有一个运算符号存在差别,但是$350÷25÷2=350÷(25×2)≠350÷25×2$,所以孩子在审题时一定要看清运算符号和顺序后再进行计算。

3. 一题多解

对于那些认为题目简单而有意忽视步骤的孩子来说,妈妈不妨从这些简单的题目入手,引导孩子发散思维,尝试一题多解,从而让孩子重视每一道题目。刚开始的时候,妈妈可让孩子口述不同的解题思路和方法,不需要具体地解答,这种练习偏重于孩子动脑和动口,从而使孩子在口述的过程中理清解题思路和解题步骤,掌握更多的解法。

4. 做后要反思

在孩子做完题目后,一定要让孩子针对题目再仔细地从头到尾思考一遍,想一想这道题目用到了哪些概念、定理、公式,题目有什么特点和规律,增减条件或者条件互换后,还能变成什么样的题,等等。这样,孩子才能把学到的知识融会贯通,达到举一反三、触类旁通的作用。

让孩子告别做题粗心的妙招

不少家长在检查完孩子的数学作业后,总是无奈地说:"我家孩子很聪明,但总是粗心大意,在一些简单的题目上出错,每次我帮他检查完,再让他自己检查一遍的时候,他才恍然大悟,可我总不能每次都帮他检查,他自己又总是粗心出错,该怎么办呢?"

一般来说,孩子粗心马虎的原因是多种多样的,有的孩子性格急躁,做作业的时候匆匆忙忙,难免出错;有的孩子则是学习态度不端正,抱着应付的心理敷衍了事;而有的孩子则是因为对知识点掌握得不扎实,所以才出现了"不小心"写错、算错的情况。因此,妈妈要根据孩子的实际情况对症下药。具体来说,可从以下几方面着手。

1. 为孩子创造一个安静的环境

与成年人不同的是,孩子的注意力非常短暂,容易受到外界的影响。如果要求孩子在嘈杂的环境中也要保证准确率,未免有点儿要求过高。因此，在孩子做数学作业时，妈妈应为孩子营造一个相对安静的学习环境。另外，妈妈须要求孩子在做作业时把电脑以及其他娱乐设施关掉，养成集中注意力、专心致志的学习习惯，这样，就能有效地避免粗心犯错。

2. 仔细读题、审题

很多孩子看到题目后，感觉很熟悉，然后就马上动笔去写，结果忽略了题中的条件和问题，导致出错，这属于"冲动"型马虎。对于这样的孩子，妈妈应提醒孩子，看到题目后，一定要认真读题，并边读边思考，将已知信息标记在题目上或动手画一画图示。这样，在读完一遍题目后，有用的信息就被收录到了大脑，孩子做题时就能加工运用所有的已知条件，避免读错或者遗漏的情况。

3. 演算工整

一般来说，解答数学题都会用到草稿纸，而不少孩子不注重草稿纸的作用，宁愿在头脑里推算也不想在草稿纸上写出来，要不就是信手拈来，草稿纸上一片混乱，结果抄写答案或者回头检查的时候就容易出错。但如果草稿纸上的计算过程比较整齐，那么，不仅可以帮助孩子找到解题思路，还不容易发生写错符号或者抄错数字的情况，题目解答起来自然更加准确。因此，妈妈在指导孩子写作业时，就要求孩子一定要规范地打草稿，比如写清题号，注明计算步骤或思路等。

4. 深挖根源

有些题目只要妈妈稍微一点拨,孩子就知道正确的解题方法,这种粗心现象的背后隐藏的是孩子基础不扎实,对概念不了解的真相。比如,有的孩子可能没有理解周长的概念,当解答求封闭类的半圆的周长时,就可能会出现只算半圆弧长度而忽略直径长度的错误。因此,当妈妈发现孩子题目出错时,应从这些小问题入手,深入挖掘,看孩子是否真正掌握了知识,以免让粗心和马虎成为掩盖孩子基础不扎实的幌子。

5. 用正确率要求孩子

很多孩子是因为贪玩才急急忙忙地完成作业,在这种应付心理的作用下,他们做起作业来自然不再认真。因此,妈妈可以尝试改变对孩子的要求,用正确率要求孩子,而非时间。比如,要求孩子必须达到一定的正确率才能出去玩,而不是做半个小时才能玩,这样就能加强孩子的自律,促使孩子进行自查自检,培养孩子细心、认真的好习惯。

最后,需要注意的是,妈妈不能因为孩子粗心大意就责骂孩子,更不要在孩子做作业的时候一次次地提醒孩子"不能粗心"。这是因为孩子的潜意识里只接受实质意义的信息,如果妈妈经常提醒孩子"以后不要太马虎了!"孩子接收到的是"马虎"二字，反而会变得更加马虎。如果在孩子粗心的时候，妈妈不去理睬他，淡化孩子的马虎行为，在孩子有所进步后再表扬、肯定孩子，这样就会强化孩子的积极行为，让孩子向细心、认真的方向发展。

第九章

做英语作业的高招

很多妈妈都非常重视英语这门科目,因此,辅导孩子写作业时也不遗余力。可慢慢地,妈妈发现自己总会有心有余而力不足的时候。比如,妈妈不知如何做才能让孩子更高效地记单词;再比如,有的妈妈英语不错,可辅导孩子却不知从何处着手。其实,只要妈妈用对方法,全面地提升孩子的听说读写能力,孩子的英语水平就能得到很大的提升,做起英语作业来也会得心应手。

记忆英语单词

英语老师布置了背诵单词的作业，佳佳背来背去，总是记不住，于是，他按照单词的发音备注了汉字：pencil—喷扫，eraser—艺瑞泽，school—思酷……

佳佳的记忆方式是一种不科学的记忆方式，这种方式虽然方便，但是无法令孩子掌握正确的单词发音，更无法通过发音规律拼写单词。

我们知道，单词是学习英语的基础，如果孩子记不住单词，不仅会影响口语、写作，还会降低英语学习的整体效果。因此，熟练地记忆英语单词是孩子学习英语的关键。

然而，对于不少孩子来说，记忆单词几乎成了他们学习英语的一大障碍，尤其是那些刚开始学习英语的孩子，几乎全靠死记硬背的方式来记忆，结果不但耗时耗力，效率也非常低，要么会读不会写，要么会写不会读，也很容易出错。

因此，妈妈在辅导孩子时，应该先让孩子读熟每一个单词，掌握发音,然后在此基础上,结合有效的记忆方式,以达到良好的背诵效果。

1. 归类记忆法

归类记忆法就是指导孩子按照一定的规则分门别类地集中记忆单词,这样可以起到纲举目张的作用,同时也便于孩子区分它们的中文含义,避免混淆。

(1)运用音节分类法。就是把含有相同字母组合的单词集中在一起。比如:

相同的词缀	单词举例
ight	night,height,eight
ther	father,mother,brother,either
popul	populous,population,populate

(2)妈妈还可以指导孩子按照英语单词的意思进行分类记忆。比如:

分类	举例
文具类	pen,pencil,pencil-case,ruler,eraser,crayon,book,bag,sharpener
人体部位类	head,hair,eye,ear,nose,mouth
交通工具类	bicycle,motorcycle,bus,cart,car,jeep

（3）指导孩子将同义词或反义词归纳在一起对比记忆，那么只要看到一个单词，就会马上联想到它的同义词或反义词。这样一来，就可以达到强化记忆的目的。

单词	同义词
correct	right
little	small
fast	quick

2. 组合记忆法

组合记忆法是以英语中的某个单词为基础，通过加、减、换、调其中的某个字母就可以得出一个新词。这种方法简单、有趣，可以起到举一反三的作用。

（1）单词前面加字母。例如：ear-near，is-his，read-bread.

单词后面加字母。例如：you-your，hear-heart，plane-planet.

单词中间加字母。例如：though-through，tree-three，for-four.

（2）减字母。例如：her-he，close-lose，start-star.

（3）换字母。例如：book-look或cook，cake-make或wake.

（4）调字母（即改变字母顺序）。例如：blow-bowl，sing-sign，from-form.

3. 用意义分解法拆单词

如同汉字一样，英语单词也有很多合成词，比如：playground（操场）、greenhouse（温室）、snowfall（下雪）、basketball（篮球）等。对于这一类的单词，妈妈可以指导孩子将其拆分成两个或两个以上的熟悉单词，从而达到快速记忆的目的。比如：greenhouse一词可以分解为"green"（绿色）+"house"（房子）两个单词，如此一来，孩子就可以通过熟词来记忆生词了。

4. 随时随地记单词

记忆的诀窍之一就是重复，如果专门坐在书桌前一遍又一遍地重复记忆单词，未免有些枯燥，那我们不妨指导孩子随时随地记单词，比如，睡前、起床后的零散时间都可以用来记一记单词。

为了提高记忆单词的趣味性，在家的时候，妈妈可以看到什么就问一下孩子此物的英语单词。比如，书籍的英语单词是什么。书包的英语是什么。如果孩子没有记住，妈妈就让孩子将单词写到一张小纸条上，贴到相应的物品上，这样每次看到小纸条之后，孩子不仅可以记住这个单词，同时还可以回忆起其他的单词。比如，看到橘子"orange"，就可以联想到其他水果，如菠萝"pineapple"、西瓜"watermelon"、香蕉"banana"、柠檬"lemon"等。如此一来，孩子就能掌握更多的单词。

注重朗读在作业中的作用

英语学习离不开听、说、读、写,而听、说、写的能力都是建立在朗读的基础上的,可以说,朗读是学习语言必备的一种技能,也是学好英语的基础。实践证明,有效的朗读不仅可以帮助孩子更高效地记忆单词、句子和课文,还可以使孩子积累更多的词汇和句子,培养孩子的语感,有助于发展孩子的英语思维能力,提高孩子的语言运用能力。

具体来说,妈妈可按照下述方式进行辅导。

1. 设置情境,丰富对话朗读的形式

对于一些对话式英语材料,妈妈可通过设置具体的情境引导孩子进行朗读,比如,分角色朗读或者比赛看谁读得准、读得快等。比如,在孩子学完Travel之后,妈妈可让孩子结合自己的外出旅游经历,在与孩子的对话中运用句型:Where did you go for your holidays? I went to Shenyang. Where is Shenyang? It's in the north of

China. 此外，还可以设置孩子外出问路或者购物的情境，让孩子在朗读的过程中体会一下对知识的运用和理解，从而增强孩子对英语朗读的信心，提高孩子的朗读兴趣。

2. 注重摘录

妈妈可以指导孩子将课外阅读过程中遇到的谚语、格言、标语以及英语笑话等记录到笔记本中，没事的时候拿出来看一看。这样，不管是孩子出于本能，还是在好奇心的驱使下，都会不由自主地去朗读一下记录下来的内容。

3. 课外延伸，及时读

小学阶段的英语课时比较少，课内朗读训练比较有限，因此，为了提高孩子的朗读能力，妈妈在孩子放学回家后，应有意识地鼓励孩子将朗读训练延伸到课外。妈妈可要求孩子复习一下当天的课文，然后借助录音辅助设备进行模仿训练，一旦孩子读准了语音，并掌握了口头表达技巧，基本就可以听懂并能朗读出规范的英语句子。

4. 从朗读单词开始，打牢基础

单词是构成句子的细胞，也是孩子朗读的基础。孩子在记忆英语单词时，最常用的方式就是不断地重复朗读，这种机械式的朗读往往令孩子感到很枯燥，记忆效果不佳。因此，妈妈不妨在单词的基础上加入与之相关的句子，带动孩子整体朗读。比如：shirt, this is a white shirt. 这样，既调动了孩子记忆的积极性，让孩子学会了单词的用法，又能从整体把握单词和句子的发音，可谓一举两得。

需要注意的是，妈妈在指导孩子朗读时，一定要让孩子大声地读，这种做法不仅有助于孩子掌握正确的语音语调和节奏感，还有利于增强孩子的语感。当然，提高孩子的英语朗读能力不是一朝一夕就能做成的事，妈妈在孩子学习的过程中要做到持之以恒，帮孩子形成正确的语音、语调，并与孩子不断尝试新的朗读方法，最终使孩子养成良好的英语朗读习惯。

指导孩子做好听力作业

听力是英语作业的难点，也是不少孩子的难关，很多孩子一听听力内心就发慌，手忙脚乱。有的孩子则缺乏听力技巧，在听到某个似曾相识的单词后，总是沉浸在回想中，结果，不仅此题的答案拿不准，还影响了下一道题目的解答。其实，妈妈在辅导孩子听听力时，只要抓住几个关键步骤，听力作业就会迎刃而解。

1. 提前审题，重点标记

每次做听力题目前，妈妈都要指导孩子先将听力部分快速地浏览一遍，并将不会的单词做个标记，然后根据题干和答案的提示预测可能听到的录音内容。比如，孩子提前熟悉所供选择的答案，并观察答案与答案之间的不同，然后集中精力，有意识地去听那个不相同的地方，比如电话号码A. 8546201　B. 8546301　C. 8546108. 答案的不同之处在于第五和第七个数字，仔细观察后，就容易辨别。再比如，通过答案可以推测听力的内容，如果答案部分是A.

wet　B. windy　C. sunny. 据此可推断听力内容是关于天气的,通过答案就能猜测出听力内容的大意,了解到关键信息。

2. 记录关键信息

录音开始后,提醒孩子要沉着冷静,并努力记住录音的一些关键词,比如时间、地点、人名、数字等。对听力过程中出现的一时拿不准的单词或者句子,要学会用缩写的方式快速地记录到草稿纸上,方便听完录音后再根据缩写词进行回忆、整理,比如句型"Iily is taller than Iucy, Iucy is shorter than Meimei",则可记为A＞B＞C。另外,要注意听清每个句子的疑问词,比如"what""where""who""which""whose""when""why"等。如果孩子在听的过程中遇到了确实听不懂的单词或句子,那么可暂时放手,继续集中精力做好接下来的题目,切不能抓住不放,以免因小失大。

3. 要听细节

孩子在听的过程中还要注意到关于时间、价格等因素的不同表达方式,比如,8:45可以说eight forty-five或fifteen to nine,孩子在听的时候要注意辨别。在孩子听完录音后,应立马认真检查,根据所听到的录音从语法和逻辑方面再检查一下答案的正确性,提高正确率。

除此之外,英语听力的提高重在多听、多练。平时,妈妈可为孩子选择丰富的听力材料，比如动听的英文音乐、英语故事、广播、新闻，英语电影或动画片……对于这样的材料，可让孩子精听，即对同一个故事反复地听，一句一句地听，一边听一边写，之后，根据答案进行推敲、修改，直到可以从头到尾准确无误地听完整篇材料。另外，也可以多范围地进行泛听。泛听可以提高孩子对听力材料的整体把握能力，培养孩子的英语语感，在听的时候没必要将单词、短语以及句子都听明白，只要理解大意就可以了。相信经过这样的锻炼，孩子做起英语听力来就不再犯难了。

鼓励孩子开口说

一位妈妈在辅导孩子做英语作业时,分享了这样的经验:"其实比起动笔写英语作业,我更喜欢让孩子动嘴'说'英语作业。每次,孩子在写英语作业之前,我都用英文与孩子对话,让孩子叙述一下当天所学的英语内容。孩子非常喜欢这种方式,总是像个小老师一样,滔滔不绝地与我分享。举例来说,我会先浏览一下孩子的课本,然后问孩子:'你知道怎么问路吗?'孩子可能会说:'今天我们刚好学习了,问路的表达方式是:Excuse me, can you tell me the way to……或者Where is……'听到孩子的回答后,我会鼓励孩子说很棒。然后再问一下孩子对单词的掌握情况。有时候孩子会因为没有记住单词而面露难色,此时,我会让孩子再读几遍单词,然后再动笔抄写单词。这样,我不仅可以了解到孩子在英语学习中遇到的问题,而且在说的过程中,孩子的口语也有了很大的提高。"

英语是一门语言学科,孩子只有大胆开口地说,才能做到活学活用。而处于小学阶段的孩子，一般都活泼好动，头脑思维活跃，正是学习英语口语的最佳时期，如果妈妈在辅导孩子做英语作业时，将说这一要求贯穿其中，将写作业变成"说"作业，相信孩子的学习一定可以取得事半功倍的效果。那么，除了上述妈妈提供的经验外，还可以采用哪些方式引导孩子在开口说的过程中进一步掌握作业内容呢？

1. 玩一玩游戏

比如，在孩子学完水果、学习用品、颜色之类的单词后，妈妈可就地准备生活用品，与孩子用What colour is it? 与What's this in English? 的句型进行练习。练习的过程中为了增加趣味性，妈妈还可以蒙上孩子的眼睛，让孩子猜测一下，比如。

妈妈：Hi, What's this in English? Guess.

孩子：Is it an egg/apple/orange…?

妈妈：No. /Yes. Can you spell it?

孩子：Yes. E—G—G，egg.

妈妈：What colour is it?

孩子：White….

妈妈：Yes. Spell it, please.

孩子：W—H—I—T—E, White.

如果孩子猜中物品，并拼写无误，妈妈就可以将物品奖励给孩子，通过这样的鼓励带动，孩子在游戏中就能学会说句子，达到练习的效果。

2. 给孩子主动权

在孩子记忆当天所学单词时，妈妈也可以让孩子停下手中的作业，与孩子练习一下组词造句，提高孩子的记忆和口头表达能力。比如，妈妈可将单词写在一张小卡片上，然后让孩子进行组词，如"make"一词，孩子可以说make a cake，make some model cars……然后将单词和词组写下来；再比如，在孩子学完 *I prefer* 这个单元后，妈妈可以让孩子扮演小记者，以妈妈或其他家庭成员为采访对象，事先准备好问题，然后进行提问：

Which fruit do you prefer?

Which sport do you prefer?

Which place do you want to visit? Why?

在家人给出答案后，孩子可将其整理出来，比如：My mother likes to eat (   ), and her favorite sport is (   ), she likes to visit (   ).

3. 多听原汁原味的英文

我们都有过这样的体验：在听某首歌时，自己并未刻意地去学，可听得多了，自己就能哼唱了，甚至有时候随口哼唱的小调，连自己也忘记在哪里听过，所以孩子要想提高口语水平，还需多听原汁原味的英文，通过大量地听，等孩子想开口说的时候，就能不假思索地说一口流利的英语了。

4. 要大声地模仿

模仿是学习英语的重要途径，妈妈可以指导孩子跟着录音带或CD模仿一些英语对话、小故事，也可以指导孩子模仿一些电影经典片段。在模仿的过程中，可按照三个步骤进行。第一步，语音模仿。刚开始进行语音模仿时，要让孩子注意语速，不能太快，并注意口型，以便发音准确，之后可加快速度，用正常语速反复地练习。对于一些读不准的单词，可让孩子反复地听，进行单独模仿。第二步，词组模仿。孩子在进行这个步骤时，要将重点放到熟练度上，通过不断地说，提高流利度。第三步，进行整篇文章的模仿。听文章录音并进行模仿，重点在于提高口腔肌肉的反应速度，加强肌肉与大脑的协调性，使孩子能熟练地进行模仿。

如何做好阅读理解

阅读理解是英语学习的核心内容之一，也是令不少孩子感到头疼的难点。因为它主要考察孩子综合运用语言的能力，包括理解能力、阅读能力，总结归纳能力以及逻辑判断能力等。一般来说，阅读理解需要达到两个基本要求，一是读懂，二是快读。那么，作为妈妈来说，该如何辅导孩子做好这项英语作业呢？

1. 阅读原文，整体把握

在孩子动笔解答前应先快速地浏览一下原文，初步把握文意。阅读时可按照意群进行阅读，即把所读句子分成意义较为完整的组群，减少目光停留。比如：很多孩子在读"I/usually/go/to/school/by/bus"时目光停顿了七次，但是在用意群进行划分后，可将其读为I usually/go to school/by bike. 这样目光就停留了三次，从而提高了阅读速度。在孩子读的过程中，妈妈要告诉孩子，不要把目光集中于某个单词上，而应用余光扫视这个单词两侧的词语，这样才能保证获取更多的文字信息。

2. 注意猜词

在做英语阅读理解的过程中，孩子难免会遇到生词，对于这点，妈妈要告诉孩子，有些单词虽然不认识，但是并不影响对原文的理解，所以不要花太长时间去推敲某一个单词。而有些与试题相关的生词则可根据上下文的提示进行猜测。比如：有一个这样的句子：Her friend Judy likes playing the piano. But lily doesn't play any instruments. Instruments对于孩子来说是生词，但是结合piano这个单词就能理解其大概含义。

3. 将句子转化成画面

在刚开始阅读的时候，孩子难免会逐句进行翻译，这是一种不可避免的情况。但是，如果总是一句一句地翻译，那必然会影响到阅读的速度。此时，妈妈在指导孩子阅读时，不妨提醒孩子循序渐进，将英文句子直接转化成头脑中的画面。比如，在读到"He was riding a bike."这一句时，就可以引导孩子想象成"一个小男孩在骑自行车"的画面，避免了先译成"他正在骑自行车"再联想到画面的环节，从而节约了时间。

4. 进行第二遍详细的阅读

之后，孩子进行第二遍阅读，可先浏览一下题目和答案，了解基本要求后，再仔细地阅读一下文章，用笔标出关键词语和细节，然后在理解文章内容的基础上进行归纳、总结、对比和分析，最后选择答案，这样在节省时间、提高阅读效率的基础上也保证了有的放矢。

5. 进行检查

在孩子选出答案后，妈妈需再要求孩子重读一遍，然后检查一下答案，看与文章内容有无冲突，避免疏漏。

最后，要想提高孩子的阅读能力，妈妈还要有意识地督促孩子利用课余时间多阅读一些英语读物，比如《英语学习》《英语沙龙》《英语世界》等，以帮助孩子积累词汇，提高语感，扩大孩子的知识面，最终形成较强的阅读能力。

如何写好英语作文

写作可以提高孩子对英语语言的使用和表达能力。但是,不少孩子在面对英语写作时,往往会产生畏难情绪,表现为无法正确地表达自己的所思所想,无法综合运用单词和句型等。要想提高孩子的写作能力,使孩子写出一篇完美的作文,提高孩子的组词造句以及段落组织能力是关键。

具体来说,妈妈在指导孩子写作的过程中,可按照"四步法"进行实践。

1. 做"说一句话"训练

作文是由一个个段落组成的,而最根本的还是以"一句话"为基础。因此,妈妈在指导孩子时,可让孩子从说一句话开始。比如:在描写某处景物时,可以让孩子使用There be句型,大胆地说一说,比如:There is a mountain/There is the river/There are trees.然后把说的句子写出来。

一般来说，孩子的表达往往比较单一，在此基础上，妈妈可以引导孩子在名词的前面加入一些形容词进行修饰，以使语言更加形象生动。比如，孩子可能会说There is a very tall mountain/There is a long river/There are some green trees.

在孩子学会这样的表达后，妈妈可以引导孩子按照人+is/are+做什么+地点的方式进行练习，比如：The man is feeding the sheep/My grandma is drinking tea under the tree.

2. "写一句话"训练

在进行了说一句话的练习后，妈妈可再对孩子提出适当的要求，要求孩子从各个角度写句子，比如：某个图片中的景、物、人等，这样孩子就能从会写一句话到能写好一句话，从而最终能写很多句话。

在接受妈妈的指导后，孩子在这一个步骤可能会写出这样的句子：Today is very hot. It's in the park. There are clouds and the sun in the sky. The man is sleeping under the tree. The boy is crying. The old woman is listening to music. The bird is singing.

3. "连句成段"训练

在整个英语作文的写作过程中，句子是基础，而将句子组织成段落则是关键。妈妈在指导孩子时，应该让孩子从写作的四要素出发，即时间、地点、事情和人物，然后按照时间顺序或者远近顺序将第二步写下来的句子重新进行组合、编写,最终写出完成的段落。

比如:Today is a hot day. There are clouds and the sun in the sky. We visit the park. There are some mountains, some trees and a long river. A man is sleeping under the tree. The old woman is listening to music. The bird is singing.

4. 写完后要检查

在经过前面三个步骤的训练后,孩子的作文已经有模有样,为了使语言更加丰富,意思更加连贯,孩子在写完作文后,妈妈一定要提醒孩子注意检查和修改,通常来说,英语作文容易出现错误的地方主要包括以下几点。

(1)体裁、格式是否恰当。

(2)人称有没有用错,主谓是否一致。

(3)是否漏要点。

(4)语态、时态运用是否正确。

(5)句子成分完整与否。

(6)单复数变化是否有错。

(7)提示词使用情况及字数是否达到要求等。

(8)单词拼写、习惯用语搭配、大小写、标点等是否有错。

另外,在平时的学习中,妈妈可引导孩子熟读、背诵一些语段,多多体会段落与段落之间的联系,总结课文中语段的范式等,只要按照层层递进的方式,指导孩子多多思考、多多练习,孩子就能更好地使用英语语言进行表达,从而写出妙文佳作。

第十章

让孩子爱上作业,不得不做的几件事

如果将孩子的纸质作业看成是显性作业,那么,教孩子预习、复习、阅读、利用多种途径开阔孩子的眼界等就可以看成是隐性作业。妈妈辅导孩子做好此类作业,不仅可以帮助孩子查漏补缺,还可以培养孩子自主学习的精神,使孩子在打牢基础的前提下获得更多的知识,从而使孩子的学习进入良性循环。

教孩子学会预习功课

人们常说,不打无准备之仗,意思就是说,如果做事之前没有做好充分的准备,那么结局可能会输得很惨,学习也是如此,如果孩子没有提前预习,那么,听课质量也往往比较低下。因此,为了保障第二天的学习,在孩子做完作业后,妈妈应指导孩子抽出时间做一做预习。当妈妈督促孩子预习时,可能孩子会这样对妈妈说:"反正老师迟早要讲,提前预习没有必要。"其实不然,预习对孩子来说是非常有必要的,只要掌握一定的方法,预习在学习中的好处比比皆是。

预习可以调动孩子听讲的积极性,让孩子有目标地去听,因为预习过后,孩子就了解了自己哪些地方不懂,从而带着问题去听,因此,可以从被动地学转为主动地听。另外,孩子的注意力比较短暂,但是经过预习后,孩子上课就容易找出所学知识的重点和难点,从而利于用最集中的时间段去听最重点的内容,最终达到高质量的听课效果。除此之外,做好预习还能提高孩子记课堂笔记的效率，使孩子明确哪些是重点内容，哪些是老师的补充，避免了胡子眉毛一把抓的情况，从而记笔记会更加有针对性。

从长远来看，预习可以提高孩子的自学能力，因为在预习的过程中，孩子需要独立地思考和阅读，从中发现、解决问题，久而久之，孩子的思维能力和发问能力都会随之得到提高，因此便会更加热爱学习。

在了解了预习的重要性后，妈妈在孩子写完作业后一定要教孩子学会预习功课。不过，妈妈需要明白的是，预习不等于提前学习。提前学习的目的是让孩子彻底把握课本知识和解答疑惑，而预习则只需让孩子在过程中发现问题即可。比如，在孩子预习数学时，没有看明白某个公式，则可以用符号标记出来，然后等上课的时候重点听老师讲解。在有这样的认识后，妈妈可指导孩子按照下述方式进行预习。

1. 合理安排预习科目和时间

随着孩子学习任务的增多，让孩子把所有的科目都预习一遍显然是不现实的。另外，孩子的预习习惯也是逐步培养起来的，刚开始就让孩子预习多门课程，往往会令孩子感到压力大而产生排斥心理。因此，妈妈不妨先让孩子从一两门自己的弱势科目开始，坚持一段时间，孩子体会到预习的益处，并对预习方法有所认识和掌握后，再逐步拓宽预习的范围。

另外，孩子预习的时间应控制在30～40分钟为宜，时间太长或者太短都不能达到最好的预习效果。当然,也无须拘泥于这一点,还应视孩子预习科目的难度和自己的时间而定:对难度较大的科目则可以多分配一些时间,而对自己比较擅长的科目,则只需读几遍,找出重点即可,无须花费太多时间。

2. 教孩子掌握一定的预习方法

一般来说,预习新课的方法分为三步:阅读浏览、做批注、记笔记。妈妈可让孩子先将要学习的内容阅读一遍,对知识有一个大概的了解,之后,再让孩子逐字逐词地认真阅读,我们可指导孩子把重点概念、疑难处、不懂的内容分别用圈圈、直线和波浪线等不同的符号分别做上标记。之后在孩子做完批注后,还可将自己的体会和见解整理到笔记本中,比如:

> 课文《×××》预习笔记
> (1)把课文试读了一遍,读的时候①通过查字典学会的字:_____ ②通过读课文认识的成语:_____
> (2)再读课文,我认为课文主要讲了:_____
> (3)读了这篇课文,我还有以下问题不明白:_____
> 这样,孩子就知道课堂应该重点听什么,而不是"一听了之"。

3. 预习过程中要注重动脑与动手相结合

在预习的过程中，妈妈可让孩子在遇到公式或者定律时，自己亲自去动手实验和操作，通过亲身的体验，深化对公式、定律等疑难点的理解。另外，在孩子预习完毕后，还可以让孩子做一做课后练习题，通过试做题目，可以检验出孩子的预习效果。不过，在做练习的过程中，孩子还需记录一下自己解答不出来或者比较模糊的地方，以便上课时重点听老师讲解。

复习让做作业更高效

学过的知识,如果不加以复习,时间长了,必然会遗忘,这是规律。可不少孩子只知道往前赶,却不回头复习,一旦学过的知识记不起来了,就自我怀疑,抱怨自己脑子笨或者记性差,甚至对学习丧失兴趣。因此,妈妈指导孩子利用课余时间及时地复习一下学过的功课是非常有必要的。

首先,孩子在学习的过程中,难免会因各种原因而造成遗漏,有的在做作业的过程中立马显现出来,而有的则可能需要一段时间才会暴露。如果能经常性地复习,那么,学习中的遗漏就可以及时地补上,从而避免学习中的"欠债"现象,保证了学习环节的完整性。

其次,平时通过各个章节的学习,孩子只能达到基本理解各种知识的学习目标。如果不复习,这些知识在孩子的头脑中是零散和孤立的。只有经过系统地复习,才能将这些知识有效地"组装"起来,形成一个系统。

那么，妈妈该如何指导孩子做好课后"复习"这项作业呢？

1. "三看"

（1）看书。妈妈在指导孩子复习时，不要着急让孩子打开课本，而要先根据课本目录的提示，想一想，该节课主要讲了哪些内容。以数学为例，要让孩子试着回忆所学的概念、法则和公式等，如果实在记不起来，则可以让孩子翻看课本，重新将内容浏览一遍。在阅读的时候还要让孩子对知识点进行概括和提炼，把重点知识找出来。比如，语文课中的生字词和需要背诵的课文等。

（2）看笔记。即让孩子找出课堂笔记，对照课堂笔记再回忆一下当时老师所讲的重点内容。看完之后，让孩子合上笔记本，自己说一说或者让妈妈听一听，看看孩子理解的与笔记本中的内容有无出入。这可以让孩子进一步巩固重点，加深记忆。

（3）看错题集。一般来说，之前孩子已经准备好了收录错题的错题集，在复习的时候，妈妈一定要让孩子再拿出来翻阅，在看的过程中，让孩子对相关题目再次进行解答，看看自己是否有新的认识。如果解答出错，则要将涉及的课本内容补充到题目的下方，以提醒自己重点记忆难点知识。

2. "二做"

"二做"就是做总结笔记，做练习题。

（1）做总结笔记。在孩子看完课本、笔记和错题之后，妈妈还要让孩子趁热打铁,及时地写一写总结笔记,主要记录一下自己在此次复习中的收获,包括经验、收获以及遇到的疑难问题等。

(2)做练习题。在完成上述步骤后,妈妈还应让孩子做一做课后练习题。练习题是复习效果的试金石,通过做题,可以让孩子明白自己对基础知识掌握得是否牢固,自己的薄弱点在什么地方,方便孩子对症下药,针对自己理解不到位的地方,继续进行查漏补缺。

3."一录入"

这一点主要强调的是,妈妈应让孩子将此次复习中出现的错误以及需要重点补充的内容详细地记录在笔记本中,并且要经常拿出来翻看,再次复习、检验,直到不再出错。

最后需要注意的一点是,除了要复习知识外,妈妈还可以让孩子认真总结自己一周以来各科的学习方法,对有效的方法,下周继续坚持;对不足的地方,则要想办法逐步改进。

指导孩子整理试卷

据调查研究发现,成绩好的孩子往往更注重学习中的细节,比如,他们的书桌总是整洁有序,各类学习资料也摆放得井井有条……这些学习中的小事无不体现了整理的重要性。孩子平时考过的试卷非常多,大到期中、期末考试,小到各种课堂练习,简直数不胜数。面对堆积如山的试卷,很多孩子缺乏一定的条理,不知该如何归类,最后不仅取用时非常麻烦,而且孩子从试卷上吸收的知识也极为有限。

所以,为了避免出现这样的情况,在孩子每次考完试之后,妈妈可以让孩子拿出几分钟的时间,认真地整理一下试卷。这项作业看似不值一提,实际上却可以帮助孩子节省时间,提高学习效率。

比如,指导孩子按照时间顺序将试卷一张张地摞好,整理成习题集的样式,然后按照科目的不同再加以分类和整理,最后装订成册,这样使用起来便会十分方便。除此之外,妈妈还可以指导孩子按照下述方式一步步地进行详细的整理。

1. 为试卷编清目录

正是因为保存不当，很多试卷才会丢失。因此，建议妈妈指导孩子按照考试的时间顺序将各科试卷进行分类整理。之后，按照每科的单元和章节对其进行整理和归类，用不同颜色的彩笔在试卷的右上方标清页码，比如数学第×单元，第×课，知识点是×,知识点不必写得很详细，只写一个大概的出处即可。之后在试卷尾页的空白处，写一段考试小结，比如知识点总结，再比如考试技巧的总结。举例来说，解答题目的时间安排是否合理，有没有出现一些低级失误等。将这些宝贵的经验教训都总结出来，以便孩子以后更好地回顾和吸取。最后，在孩子全部整理完毕后，用一个大夹子将试卷夹好，或是用档案袋装好。这样存放和查询起来就会容易很多。

2. 每天都要整理

为了保证试卷的完整性和连贯性，妈妈不妨让孩子每天抽出三分钟的时间整理一下手中的试卷，对于以前没有整理好的试卷也要按照时间顺序进行整理，最后订成册子。

3. 定期补充

对于一些在课外资料上看到的重点内容或者与试卷题目相类似的内容，妈妈可让孩子将其摘抄到试卷上，以做知识方面的补充，丰富试卷内容。

最后，需要提醒的是，孩子在整理试卷时应避免过度裁剪。许多孩子整理试卷时，习惯把错题或者重点题目剪下来粘贴到错题本中。这种方法虽然可以节省摘抄题目的时间，但是会使试卷变得非常零碎，到最后，孩子往往分不清试卷到底考察了哪些知识点，试卷的难度分布更是无从体现。因此，妈妈在指导孩子整理试卷时，应尽量保持试卷的完整性，对于一些错题、难题应尽量手抄，然后改正。

做好积累,教给孩子课外阅读的方法

在加拿大,学校非常注重培养孩子的阅读能力,自孩子小学开始,老师就要求他们阅读大量的课外读物,而且不论年级的高低,每个星期,孩子们都会从学校借阅一两本书回家阅读,而进入中学后,孩子就开始涉猎名著,并由节选逐渐过渡到原著。我国著名语言学家吕叔湘先生说过,他学习语文,三分得益于课内,七分得益于课外。

对于孩子而言,课外阅读是课内阅读的扩展,是提高阅读能力必不可缺的部分,如果没有课外阅读的辅助,不管课内阅读的效率有多高,孩子的阅读都不会收到明显的效果。此外,广泛地阅读课外书,还可以拓宽孩子的眼界,丰富孩子的知识,提高孩子的认知能力,让孩子看到一个魅力无穷的缤纷世界。

那么,妈妈该如何带领孩子进入阅读世界呢?

1. 让孩子带着问题阅读

一目十行、漫无目的地阅读往往令孩子毫无所获。提高孩子阅读水平的第一步就是让孩子带着问题，有目的地去阅读。在孩子打开书阅读之前，妈妈可问孩子几个具体、简单的问题，让孩子带着这几个问题去阅读，告诉孩子，通过阅读解决这几个问题，并在孩子阅读完毕后，让孩子回答一下之前的问题。这种方式对培养孩子的分析能力和探究能力是大有好处的。

2. 做标记和做笔记

英国诗人柯勒律曾把读者分为四类：第一类好比是沙漏漏沙，最后一点儿痕迹也没有；第二类像海绵，什么都吸收，结果流出来的还是原来的东西，甚至还脏了一些；第三类则是过滤豆浆的布袋，豆浆流了，只有豆渣；第四类则是挖掘宝石的苦工，甩掉矿渣，只要宝石。柯勒律这段话表达的意思是，阅读时，读者需注意从书中取其精华，去其糟粕。作为小读者的孩子，想要把书读懂并有所收获，可以利用表格的方式来实现。比如：

书名：	作者：
精彩句子、段落摘录：	
通过查字典解决的字词：	

(续表)

我认为好的原因：
书中不明白的问题：
我的解答是：
读后感悟：

这种方法之所以有效，是因为孩子在边读边写的过程中，总会思考一下，哪些内容需要记录，哪些不需要记录，从而增进孩子对阅读内容的理解。另外，孩子在做笔记的过程中，会产生某些新的问题，或者阅读某个观点后，自己也有另外一些看法，把这样的想法记录下来，无形中丰富了孩子的知识量。

3. 提高孩子的概括能力

阅读一篇好文章后，孩子一问三不知，不能对文章进行归纳，则说明孩子并没有很好地把握阅读材料。对阅读内容的概括，一般是"谁+在什么氛围下+做了什么+结果如何"，将这些关键词语串联起来，就能基本实现对文章的概括。因此，在孩子读完一篇文章后，妈妈应让孩子讲一讲文中的主要内容，这不仅可以提高孩子的思考能力，还能完善孩子的逻辑表达能力。

不过需要注意的是，有时候，孩子的概括可能与文章相去甚远，此时，妈妈不要过于苛责孩子，以免打击孩子阅读的积极性。实践证明，多表扬和鼓励孩子可以提高孩子阅读的兴趣和信心。

4. 注重阅读发散

一篇文章或一本书的信息量是有限的，家长可以根据孩子的阅读内容，结合自己的知识和经验，与孩子一起动脑，针对书中的相关知识进行思维发散。比如，孩子看的是《哈利波特》，妈妈就以它为基础，延伸到其他相关书籍，比如《魔戒》《古希腊神话》《西游记》《搜神记》等，从多个角度切入，提升孩子的理解力、想象力和创造力。再比如，妈妈还可以根据孩子阅读的内容，对孩子进行提问，比如，你知道爱因斯坦是哪个国家的吗？世界上面积最大的是哪个国家？南方人喜欢吃大米，你知道带"米"字旁的汉字有哪些吗？这种有趣的提问方式，不仅可以开拓孩子的视野，还可以使书中的内容得到延展，激发孩子学习的欲望。

开阔孩子眼界的好去处

德国哲学家雅斯贝尔斯在《什么是教育》这本书里提到:"教育是人的灵魂的教育,而非理智知识和认识的堆集。"意思是说,如果父母、老师只重视孩子的文化学习,只教给孩子知识,就是不完全的教育。真正的教育应该把孩子当作一个完整的人进行培养,从孩子的情感、交往、行为等多方面进行培养。为了实现有灵魂的教育,使孩子达到学用相长的教育目标,妈妈多带孩子参加社会实践是一个不错的选择。

社会实践,可以弥补家庭教育、学校教育以及社会教育的不足之处,通过孩子的亲身参与,不仅可以提高孩子的感性认识,培养良好的情操,还可以使孩子接触到平时在课本中接触不到的知识,了解一些他们从未了解过的领域,起到开阔孩子视野、挖掘孩子好奇心和求知欲的作用,这对增进孩子的知识积累大有裨益。

具体来说，妈妈可从以下几个方面着手：

1. 带孩子逛书店

莎士比亚说过"书籍是全世界的营养品，生活里没有书籍，就好像大地没有阳光，智慧里没有书籍，就好像鸟儿没有翅膀。"图书馆的书籍种类繁多，知识信息量大，妈妈利用周末的时间多带孩子去逛逛书店，接触一下书籍，不仅可以开阔孩子的视野，还可以提高孩子对阅读的兴趣，使孩子养成热爱阅读的好习惯。当然，孩子在阅读时一定要遵守图书馆的规章制度，不能边看边吃，看完记得将图书放回原处。

2. 常常陪孩子参观博物馆等场馆

博物馆、科技馆、天文馆等场所可以丰富孩子的知识，开阔孩子的眼界，是孩子的好去处。虽然孩子会从书本中接触到地理、军事、天文等科普类知识，但是毕竟有限，而且书本中的知识太过于抽象，而妈妈带孩子去参观博物馆，则可以利用博物馆中的实物帮孩子建立起抽象概念与具体实物之间的联系，这在满足孩子求知欲的同时也会令孩子印象深刻。

另外，博物馆的实物都是按照类别进行划分的，参观这样的展览也可以系统地帮孩子记忆所学知识，起到融会贯通的作用。不过，在带孩子去博物馆之前，妈妈一定要根据孩子的年龄进行选择。对于年龄比较小的孩子，可以带孩子参观儿童博物馆，而对于一些年龄比较大的孩子来说,可以选择多种类的博物馆,比如历史博物馆、自然博物馆等。

3. 带孩子探访名胜古迹

名胜古迹往往涵盖了很多历史人文的知识,孩子在探访的过程中可以激发学习兴趣,无形中受到古老文化的熏陶。但是,在探访之前,妈妈最好给孩子普及一些相关的人文知识,让孩子了解必要的历史常识。这样,孩子在看到这些名胜古迹时,就会觉得非常有意思,情不自禁地想起与之有关的一切。

4. 从大自然中寻求答案

亲近大自然可以带给孩子更多的启发和思考,便于孩子从中寻求答案。因此,妈妈可以多带孩子去户外走一走,鼓励孩子观察大自然中的一草一木,利用多种途径了解各种自然现象。

比如,妈妈在和孩子外出时,可以把看到的花都拍下来,然后回家上网搜索,将查到的花名、属性以及植物的相关介绍告诉孩子。这样,孩子就能了解到植物的相关信息,并且可以学会获取信息的正确途径。再比如,当孩子不了解蜗牛的生活习性时,妈妈也可以带孩子去大自然中寻找答案,让孩子仔细观察。通过观察,孩子就会明白:原来蜗牛喜欢吃树叶,喜欢生活在阴暗的环境中……